新装版

売れるコンサルタントになるための営業術

五藤万晶 著
Kazuaki Goto

エベレスト出版

売れるコンサルタントになるための営業術〈新装版〉

五藤万晶　著

まえがき

本書は、「売れるコンサルタントになるための営業方法」について書いた本です。もっと言えば、自らクライアントを開拓していく戦略・戦術について解説した、コンサルタントのための専門書です。

コンサルタントのための…と、あえて示しているのは、税理士や社労士といった、いわゆる士業の先生方や、セミナー講師、研修の先生、さらには講演で登壇される方…など、他の先生業の方々とは、実は本質的に営業のやり方がまるで違うからです。

本書でくわしくご説明していますが、似ているように見える仕事でも、本質的に違うビジネスであれば、当然ながら「生きる術」はまるで違います。このことを理解せず、真似事を行なうと、売れるどころかますます状況は悪化することになります。

これまで、先生業別に営業のやり方についてくわしく解説した書はありませんでした。似たようなビジネスとしてひとくくりにされ、何でも一緒くたにして「本を出して講演すれば仕事が来る…」といった教え方をされてきました。はたして、本当にそうでしょうか？本当にそれで、コンサルタントがクライアント企業から依頼を受けられるのでしょうか？

私は、コンサルタント業専門のコンサルタントとして、これまでに１３０名以上の方々と直接関わり、1000名以上の方にアドバイスをしてきましたが、コンサルタント業成功の本質は、まるで違うところにあると断言できます。

「講演業のような事を必死で行ったが、2年経っても芽が出なかった人」、「資格を取ればば仕事が来ると思ってはじめたが、あわや路頭に迷いかねなかった人」、「本を出せば仕事になると思って出版したのに、全然仕事にならなかった人」等々、毎日のようにご相談にお越しになる方がいますが、その大半は、「コンサルタントの営業方法」を理解せずに、周囲の似て非なる仕事の真似をやみくもに行っていた方です。

コンサルタントとして活躍するためには、それに適した営業方法を熟知して実施しなければ、描いた夢は永遠に実現しません。しかも、その最も重要なことは、「自らクライアントを開拓できるようになる」という点です。本書は、この最重要ポイントに絞り、その戦略的な展開策について、理由も含めてくわしく書いています。

コンサルタント業専門として書きましたが、先生業別に営業方法の違いをわかりやすく説明したことで、他の先生方にも参考にしていただける内容になったと思います。

いずれにしろ、本書を通じて、より多くの先生方がご自身ならではの魅力を最大限に発揮し、社会に貢献頂けるきっかけとなれば、これに勝る幸せはありません。

平成28年2月吉日

五藤万晶

新装版の発刊にあたり

本書、『売れるコンサルタントになるための営業術』は、初めて発行されてから約7年を経ていますが、今なお色あせることなく現役で販売され続けています。これは、姉妹書『キラーコンテンツで稼ぐ法』と同じく、一般的なビジネス書の存続確率で言えば、非常に異例のことと言えます。著者としては本当に有難いことです。

本書に記したのは、コンサルタント業を成功させていくための神髄＝営業方法です。ただし、肩書としての「コンサルタント」に向けたものではなく、あくまでも、「コンサルティングで実際に生計を立てる人」に向けて記しました。実態としてコンサルティング商売を行い、その仕事でクライアントに喜ばれ、報われる報酬を手にしたい…。そういう、真面目で本気で勝負をしている方々のための営業の考え方や戦略について記した本が、これまでこの世に無かったからです。

本書では、コンサルタントと「似て非なる職業」の違いを、営業面において詳しく説明しています。どれだけ表面的に似ていても、本質が違えば営業方法はまるで違ってくるからです。その最も重要なポイントは、「クライアントの自己開拓」にあります。

自己開拓は生命線かつ最重要ポイントです。関わった方々から最初、「これ、本当にやるんですか？」というような疑心暗鬼の反応が非常に多かったのですが、それでも当社を信じて突き進んでくれた方々は、皆「自己開拓の実現」により、3千万円はもちろん、5千万円、そして1億円プレーヤーへと大いに羽ばたいていってくれました。

この度、エベレスト社によるシリーズ化のお声がけをいただき、本書を改めて読み直す機会を得ましたが、実に荒い内容に赤面する箇所も多々ありました。しかし、「この本のお陰で、やっていけるようになりました」と多数のお声を頂いていることを踏まえ、可能な限り修正を最小限に留めた〈新装版〉として発刊することにしました。

自分のビジネスを、思い通りに展開できるようになる——。

あなたが、これまでに積み重ねてきた知識や経験、ノウハウ…などを活かして、報われるコンサルタント商売を実現させていく最も重要なもの、それは「営業」です。そして、その方法論を7年前に記しましたが、多くの人が実際に本書の内容の正しさを証明してくれました。次はあなたの番になることを願っています。

令和四年 十二月吉日

株式会社ドラゴンコンサルティング　五藤万晶

目次

【第2章】 先生業の構図と営業の仕組み

【第3章】コンサルタントが持つべき、三つの営業ツール

【第4章】コンサルタントが、商品力を高める重要視点

【第5章】契約獲得までを、確率論に変える「導線設計」の実務

序

コンサルタントが、営業でつまづく本当の理由

コンサルタントの9割が、「営業」で悩んでいる

仕事が違えば、生きる手法もまるで違う

本書は、「コンサルタントのための営業方法」について記した専門書です。他の営業関連の書と少し違う点は、あくまでも「コンサルタント業」に特化して、その実務と戦略について書いている点です。

私は、コンサルティング業専門のコンサルタントという、一般には耳慣れない仕事をしています。簡単に言えば、コンサルタントの方や、これからコンサルタントになろうとしている方に対して、ご商売のアドバイスを行うという仕事です。

仕事柄、多くのコンサルタントの方とお会いしていますし、これまでに130人以上の方と直接関わってきました。そうした「コンサルタントのコンサルタント」を仕事とする私が、わざわざ「営業」に特化して本を書いたのには大きな理由があります。それは、「9割以上のコンサルタントが、営業で悩んでいる」からです。

これは何も、大げさな表現でも何でもありません。国家資格でもなく、誰でも「コンサルタント」と名乗れるだけに、世の中のコンサルタント全般で見れば、本当にクライアントを飛び回って、何千万円といった報酬を手にして活躍している人など、5％どころか

3%もいないのが現実です。

しかし、会社の業績を立て直したり、社長に経営のアドバイスをしたり、販売戦略を授けたり…するはずのコンサルタントですから、世間一般から見れば、営業や販売戦略なんてお手の物で、「商売のプロ」のはずです。コンサルタントが、営業とか販売で悩んでいるなんて、とても考えられない、と思う人も多いかもしれません。

ところが、現実はまったく違うのです。

コンサルタントとして大活躍することを夢見ながら、その実態は鳴かず飛ばずの厳しい状態。顧問先や指導先などほんの数社しかなく、どれも公的機関などから降りてきた案件ばかり。借金を抱えて、食うや食わずで副業でしのいでいる人もいますし、サラリーマン時代の何分の一の収入で耐え忍んでいる人もいます。

営業や販売をしようにも、どうしていいのかわからず、顧問契約が取れずに夜も眠れないくらいに悩んでいる方も少なくないのです。

しかし、コンサルタントであるがために、「営業や販売で悩んでいる…」などとは、口が裂けても言えません。プライドもあるし、「営業に困っているコンサルタント」と思われたら、来る仕事も来なくなってしまうかもしれません。

言うに言えない悩みの上、相談する相手もわからず、悶々と悩んでいる方が本当に多いのです。人づてに弊社のことを知ってご相談にお越しになられたとき、ホッとされてか、苦しい胸中を涙しながらお話しいただくことがあります。

「ネットでは売れているように見せているが、実は、契約が全然、取れていない」
「10年がんばってきたけれど、ずっと鳴かず飛ばずで生活が苦しい」
「資格を取ったら仕事になると思ったのに、下請業のような生活しかできない」
「トップ営業マンだった自分が、まさか契約が取れないとは…」
「本が出て仕事になると思っていたら、安い講演と研修の仕事ばかり…」

などなど、なかには「10年以上やってきたが、企業から依頼されるのは、手続き業務か便利屋のような仕事ばかりで、これはコンサルタントの仕事ではないのでは？と気づいてしまった…」というご相談もあります。

こうした方々に対して、コンサルタントとしての本当の活躍を実現していただくために、コンサルティングの体系化はじめ、さまざまなアドバイスを行っているのですが、なかでもはずせない重要なポイントが「営業」なのです。言うまでもなく、営業こそが売上げをつくり、やっていける原動力となるからです。

それにしても、なぜ「営業で困る」というようなことが起きるのでしょうか。営業はどんな商売でも簡単ではないものとしても、うまくいっている人が３％以下という確立を考えれば、「ヨソの商売に比べて成功確率が低いのでは？」とさえ思えてきます。これには、何か理由があるのではないか、ということです。

コンサルタント業というのは、きつい肉体労働でもなければ、お金のかかる設備投資も不要です。粗利が高くて高収入を目指すことができ、社会的な地位も得やすいなど、商売的にはたいへん魅力のある仕事です。

しかし、一方で知っておかなければならないことは、表面的な「設備投資が不要で粗利が高い＝ビジネスとして簡単」ではないということです。むしろ、軌道に乗せるまでが実にたいへん…という現実です。最大の理由は、**「カタチがないビジネス」なので、どう売っていけばいいのか、非常にわかりにくい**という点です。

そして、「カタチのないノウハウビジネス、なかでも〝コンサルティングビジネス〟のやり方を、ほとんどの人が教わったことがない」ということが、難しさを増幅させています。

見よう見真似しようにも、「形がないノウハウビジネス」ですから、具体的にどう動けばいいのか、何をすればよいのかがわからず、知らない人が行おうとしても、今ひとつ、ピンとこないのです。

しかも、ややこしいことがもうひとつあります。それは、「似て非なる仕事」がやたらと目につくことです。似て非なる仕事とは、一見すると、コンサルタント業ととても似ている他のビジネスのことです。

たとえば、税理士や社労士といったビジネス系の士業をはじめ、セミナー講師、実務研修、講演家といった仕事があります。

またビジネス系の中でも、自分の個性を売り物にメディアを使って活動するビジネスタレントなど、周囲には多くの「似て非なる仕事」で溢れています。このため、自分はコンサルタントを目指しているとわかっているはずなのに、ついつい勘違いをして、似て非なる仕事の真似をはじめてしまうのです。

似て非なる…とは、言葉の上ではけっこう近そうなのですが、やはりまったく違う仕事です。しかも、みなさんが想像されているよりも、はるかに「隔たりのある違い」です。たとえて言うなら、「イルカ」と「サメ」くらい違う…といった感じです。

イルカとサメは、同じように海の中の生物であっても、哺乳類と魚類で、まったく違うカテゴリーの生き物です。

サメは、卵を産んでエラ呼吸しますが、イルカは妊娠して出産します。そして肺呼吸です。「だから何なの？」と思う人もいるかもしれません。しかし、冷静に考えてみてほしいのですが、イルカにエラ呼吸をさせようとしたらどうなるか…ということです。この違いは「生きていく手法がまるで違う」ことを意味しているのです。

私から言わせれば、**コンサルタント業と他の似て非なる仕事とは、サメとイルカくらいに、「生きていく手法」がまるで違う仕事**なのです。

「生きていく手法がまるで違う」にもかかわらず、その違いに気づかずに他の手法の真似を行えばどうなるか。当然、やればやるほど苦しくなり、もがけばもがくほど、状況は悪化していく…ということになります。

実際、世間で「士業、コンサルタント、セミナー講師のための…」といった、本質的にまるで違う仕事にもかかわらず、ごちゃ混ぜにして「売れる方法を教える」と謳っているところがあります。

職業によって何を打ち出すかがまるで違うため、写真一つでも撮り方は大きく違ってくるほどなのに、何もかも無視して一緒くたにした話を鵜呑みにしたら、いったいどうなる

か、ということです。よくある例ですが、

・意味不明の芸人風のしゃべり方とパフォーマンス
・インパクト重視の帽子やメガネ、衣装のような服
・不思議なくらいに小さい文字で大きな名刺
・日本人なのに、なぜか外国人のような名刺
・単に過去のことをさらけ出しただけの暴露本…

似て非なる仕事では効果があることも、コンサルタント業ではむしろ逆効果になることは多々あります。しかもご丁寧に、似て非なる仕事から毎日のように「こうすればいい」と言わんばかりにお誘いが近寄ってきます。

しかし、イルカがエラ呼吸の真似をしても無駄なように、自分の生きていく方法を知らずして、他の似たような方法をいくら行っても、まともに生きていくことはできません。要するに、コンサルタント業にはコンサルタント業のための営業方法があり、これを知らなければ大苦戦する、ということなのです。

営業はビジネスの生命線

ここで、まず申し上げておきたいことは、「〝営業〟とは、ビジネスにおける生命線」だということです。

こう申し上げると、「当たり前のことを言うな！」とお叱りの声が聞こえてきそうです。しかし、このようなことを、わざわざ申し上げるのには理由があります。それは、残念なくらいに「営業を軽んじている人があまりにも多い」からです。

なかには、営業するのが嫌だから勉強して資格を取った、と堂々と言う人もいます。資格があれば仕事が来るから、嫌な営業で頭を下げなくてもうまくいくはず…という、理想的な未来を描いてのことだと思います。

しかし、現実はきわめて冷徹です。営業力のない会社は、必ず苦境に陥り、やがてやっていけなくなります。これは、企業が倒産する理由を見れば一目瞭然です。ほぼすべての倒産理由はただひとつ、「販売不振」だからです。

このことは、帝国データバンクのウェブサイトで、毎日のようにアップされる「倒産情報」を見てみれば、すぐにわかります。

新商品が振るわなかったり、主力商品になっていたものが飽きられたとか、競合会社の商品やサービスに負けたり、社運を賭けた新事業が不振だったり…と、いちおうそれなりの理由が述べられています。しかし、**「要するに、売れなかったから倒産した」**ということ以外の何物でもないことがわかります。

「マネジメントが大事だ」、「顧客サービスが大事だ」、いや、「後継者育成こそが重要だ」、「商品開発力だ」、「技術力だ」、「効率のいい物流だ」、「マーケティング力こそ重要だ」……多くの人がさまざまな事を声高らかに言いますが、本質はたったひとつです。「売上げが立たなければ会社はつぶれる」のです。

多くを言うまでもなく、「売上げこそ、企業活動におけるすべての源泉」です。社員の給料も、設備投資もマーケティングも、宣伝も販売促進も新商品開発も、何と言おうと売上げがなければアウトです。

売上げがなくても、「お金を借りてくればいい」と言う人もいますが、借りたお金は返さなくてはならないわけですから、遅かれ早かれ、「売って利益をつくって返す」しかありません。これ以外にまともな方法はないのですから、やはり売上げをつくるしかないのです。

その売上げをつくるためには「受注・販売する」、つまり「お客様に買っていただく」これ以外にないのです。

要するに、

お客様を増やして売上げを増やしていく活動こそ、企業活動の本質

ということです。

事実、新規受注が好調であれば、企業は元気ですし、社内は間違いなく活気に満ちています。給料も上がりますし、何より社長の表情は力強く晴れやかです。発言も積極的で、次の事業展開の話などがポンポンと出てきます。

一方で、去年どれだけ売れた企業でも、今年商品が売れない、サービスが売れない…となると、社内の活気はしだいに失せ、どんよりとした空気が漂いはじめます。営業部長の怒声が飛び交うも社員の士気は上がらず、責任のなすりつけ合いの無駄な会議がどんどん増えていくといったことが起きはじめます。

社長はといえば、顔色が悪くて不機嫌。楽しい未来どころか、現状をどうするかで頭が一杯で、イライラしながら打開策を考えるも、原因もわからず対策が打ち出せない状態。これでは売上げは上がりません。大きな船が沈んでいくかのごとく、ジワジワとですが、確実に会社は傾いてきます。

このことは、どれだけ業歴があっても、規模が大きくても、内部留保のある会社であっても同じです。

営業不振に陥ると、入ってくるお金が急減するのに、固定費は変わらず出ていきます。流出を止めるためにさまざまな経費をカットしますが、それでも足りなければ社員を解雇して人件費を下げたり、お金になりそうな事業部門を売り払ったりします。とにかく流出を防ぐために必死にリストラが行われるのです。

しかし、肝心の営業・販売が不振のままであれば、お金は入ってきません。コストをどれだけ抑えようとしても限度があるため、収入より支出が多ければ、「質草でお金をつくって暮らす生活」となってしまいます。規模が大きくても、基本的なことは何も変わりません。

実際、国内最大の小売店チェーンだった企業も、国策で登場した世界屈指の技術系素材メーカーも、そもそもお金そのものを扱う金融業界でも、「あの企業が？」と、耳を疑いたくなるような、かつて最強のように思われていた企業でも、あっけなくこの世から消え去ってしまいました。

販売促進費は計上されているか？

売上げがストップすれば、まるで「呼吸が止まった」かのように、企業はたちどころに傾きだし、やがて倒産まっしぐらになります。しかもそれは、みなさんが想像するより、はるかに速いスピードで起きます。これが冷徹な現実だということを、ビジネスに携わる人は、絶対に忘れてはならないのです。

「だから、そんなこと言われなくてもわかっている」と、読者のみなさんの声が聞こえてきそうです。

そうですね、ふだんご相談にお越しになられる方からも、ほぼ間違いなく、「そんなことはわかっている」といった面倒くさそうな反応が返ってきます。わかりきっていることを、わざわざ言わないでよ、といった表情です。

まあ、いつも同じような反応ですから、特段こちらも気にしていませんが、続けて、

「では○○さん、来年度の販売促進費はいくら予定されていますか？」

と質問してみると、キョトンとした顔をされます。「なぜ、そんなことを聞くんですか？」といった言葉がありありと見てとれる表情です。

みなさんいかがですか？　顧客開拓のための広告宣伝費をどれだけ投入する計画があり、そこからどれだけ契約を獲得する算段がありますか？

先に、「営業はビジネスの生命線」とお伝えして、「そんなことはわかっているよ！」と思われた方が大半だったと思います。コンサルタント業とは、たとえ一人でやっていても立派なビジネスであり、経営です。だからお聞きしているのです。

「売上げとか受注とか関係ない、私は趣味でやっているんだ」というのならともかく、会社経営として考えれば、「営業経費」、「販売促進費」、「広告宣伝費」…といったものを計上するのは、至極当然のはずです。

実際、多くのコンサルタントの方々から、「クライアント先の社長には、販売促進費をしっかり計上していかなければダメですよ、とよく言っているのですが…」といった、バツの悪そうな声が返ってきます。

つまり、会社経営であれば営業活動に経費をかけるのは当然…ということを、ご本人も自覚しているということですが、現実には、**自分のコンサルティングビジネスの営業活動に対しては、具体的な営業計画、販売計画などは、ほとんど立てていない**…といった方が非常に多いのです。

私からすれば、販売促進費の計上もせず、営業計画もなしにビジネスを展開するということは、これは、「営業がビジネスの生命線」と口では言っていても、本質的には理解していない動かぬ証拠ということです。この状態を一言で表せば、「棚ボタよろしく、仕事来ないかな～っと、口を開けて待っている状態」ということです。

　こうお伝えすると、ムッとしながら「いや、販促費の計上はなくても、営業活動くらいちゃんとやっている！」と、反論が返ってきます。うかがえば、役所の窓口担当者に日参したり、セミナー会社の担当者やエージェントへの挨拶、所属団体への奉仕活動などなど、さまざまな営業活動を行っていることをアピールされます。

　なるほど、何もしていないわけではないようです。たしかに、「挨拶回り」も、立派な営業活動のひとつと言えるでしょう。しかし、この営業活動には大きな問題があります。それは、「活動に対して、計算が立たない」という点です。

　実際、「では、来年の売上予定はどれくらいになりそうですか？」と突っ込んで聞いてみると、「それは…、たぶん今年と同じくらい…」と歯切れの悪い言葉が返ってきます。どれくらい仕事が来るか、なんとなくの予想はあっても、「相手しだいなので、ハッキリ言えない」というのが本当のところだからです。

　後述しますが、営業活動とは、**「行なった分だけ、一定の確率で売上げになる」ことがきわめて重要**です。これがなければ、計画も立てられませんし、販促経費も勘でしか投入できなくなります。

つまり、１００の活動に対して、最終的に2とか3の結果が確率論で得ることができるという導線設計がしっかりつくられているかどうか、これが重要なのです。この仕組みがなければ、「たぶん、売れると思う…」といったあやふやな答えしか返せなくなります。

もしあなたが、30人の社員を抱えていて、来年の計画を営業部に聞いたとき、「たぶん、来年も同じくらい売れるんじゃないですか？」といった答えしか返ってこない社員ばかりだったら、どう思いますか？ 安心して日々を過ごせるでしょうか？ 枕を高くして眠ることができるでしょうか？

営業活動は行っている…。これはたしかに間違いないでしょう。しかし、「一定の確率で契約を獲得できる、本当のコンサルタント業としての営業」を行っているかどうか…、これこそが重要なのです。

つまり、多くのコンサルタントの方々が行っていることは、営業活動は営業活動でも、他の「似て非なる仕事」の営業を、知らずしらずのうちに行っているということなのです。

このことは、本人が考えているよりも、はるかに危険な状態に自分自身を追い込んでいっていることを知らなければなりません。

無意識に「似て非なる仕事」を真似てしまう理由

先に、サメとイルカは違って、生きていくための手法も違う…ということを申し上げましたが、ビジネスの生命線である「営業」においても、コンサルタントと似て非なる仕事とでは、当然ながら、その手法はまったく違います。

このことに本人も気づいていないために、営業手法ひとつでも、ついつい「似て非なる仕事」の方法をマネて行おうとします。その最たる例が、「販促費の計上がない」という事実なのですが、これが本当に恐ろしいのは、「無意識で行っている」という点です。

たとえば、販促費を計上していない理由として、「まだはじめて間もないので…」とか、「一人でやっている小さなビジネスだから…」といった言葉がよく返ってきます。社員が何人もいるならともかくまだまだ小さいし、一人でやっているのだから販促費用を計上しように難しい…という言い分です。

なるほど、もっともらしい言い分です。しかし、

「一人でラーメン店やマッサージ店をはじめる場合はどうですか？」

と質問してみると、「わかり切ったことを聞かないで…」とばかりに、みなさん口を揃えて、

「それはチラシやビラを配りますよ」と言われます。

美容室やネイルサロン、バーやカウンセリング、クリーニング店、マッサージ店、家庭教師、習い事の教室…など、いろいろと変えて聞いてみても「販促するのが当然」といった、同じ答えが返ってきます。

これは、実に面白いことだと思います。同じ方が一人でビジネスをはじめるのに、コンサルタント業の場合と答えが180度違うわけです。チラシを撒くために、販促費をかけるのが当然と、異口同音におっしゃるのです。

では、もうひとつ質問です。


「なぜ、これらの商売のときには販促費をかけるのが当然なのでしょうか？」


みなさんいかがでしょうか？　いろいろ理由はあるかもしれませんが、簡単に言えば、お店系の場合、宣伝しなければ、お客さんが来てくれないし、売上げがつくれないから…と考えるからではありませんか？

もっと言えば、お店をつくったとしても、よほど目立つ立地でもない限り、そこにお店ができたことなど、誰も気がつかないし、何屋なのかもわかりません。店の存在を伝えない限り、誰も来てくれないと思うから、販促費をかけてチラシをつくって撒こうと思ったのではありませんか？

このことは、**「ビジネスの規模と、販促費の有無の関係性はない」**ということを、明確に示していることがわかります。

要するに、「はじめたばかりだから…」とか、「お金がないから…」というのは、販促費の有無は関係がなく、「必要性を感じていなかったり、考えていなかった」というのが、本当のところということです。どんなに小さなビジネスでも、販促費が必要だとわかっていれば、必ずかけるということです。

しかし、実はこの設問には、もう一つ重要なことが隠されています。それは、「なぜ、お店系の商売のときには、チラシやビラを撒くのが当然」と思ったのか…という点です。これから商売をはじめるわけですから、その商売のことに精進しているわけではないはずです。こうすればいい…と習ったこともないのに、なぜチラシの配布を当然と考えたのか…ということです。

このことは、重要な意味を示唆しています。

われわれは、日常生活やビジネスの現場において、意識するしないにかかわらず、さまざまな経験や学習をしています。このさまざまな経験や学習を積み重ねるなかで、「この商売は、こうするのが普通」といったことも、無意識に蓄積していっていることに気づかなければならないということです。

つまり、コンサルタント業を進めていくに際して、「だいたいこんな感じ…」といった無意識に蓄積しているイメージに即して、「こうするのが普通？」だと思って展開しようとしている可能性が高いということです。

それが如実に表れているのが、「販促費の計上がない」、「販売計画がない」、もっと言えば「販促戦略がない」…ということなのです。

なぜ、こうなるのかと言えば、まさに最初に申し上げた「似て非なる仕事」のやり方を、無意識に目にし、耳にしているため、お店の例がごとく、「そうやっていくものだ」と、なんとなく思ってしまうからです。

「コンサルタント」と称していても千差万別です。実際に経営コンサルティングを行っている人もいますが、セミナー講師や講演を主体にして活動している人、テレビや雑誌などでよく見かける人、企業から研修依頼を受けて実務指導する人、記念行事に呼ばれて話をする人などなど、活動は実にさまざまです。

彼らの活動は、もっぱらメディアを通して行われることが多いため、よく目に映りますし、耳に聞こえてきます。

これには理由があります。後ほどくわしくご説明しますが、彼らの活動は、「目に入れて、耳に入れてナンボ」だからです。

そして、最も理解すべき重要ポイントは、彼らの仕事は、直接最終クライアントに対して行われるものではなく、メディアや媒体、企業などを通じた間接手法のため、営業活動の主軸は「担当者への接点強化」だという点です。

つまり、セミナー企画の担当者や、番組の担当者、執筆コーナーの担当者、派遣先を決めてくれるエージェントの担当者など、仕事を実際にこちらに寄越してくれる人への挨拶営業こそが、活動のポイントとなっているということなのです。

どこかで似た話がありませんでしたか? そう、先ほどの「挨拶回りはしている」という営業方法とまさに同じなのです。

真似るなら、本物のコンサルタントを真似よ

コンサルタントと称している人は大勢います。とくに、新聞、雑誌はもとより、テレビやラジオなどで「○○コンサルタント」といった人を毎日のように見受けます。インターネットでも、本当によく見かけるようになりましたし、営業スタッフの中にも、そうした肩書で仕事をしている人がいます。

「コンサルタントって、ずいぶん仕事に幅があるんだな～」と思う人も多いかもしれません。しかし、前著『コンサルタントのための、キラーコンテンツで稼ぐ法』で、本物のコンサルタントとして活躍するための方法として、そもそも「先生業」というものが、どういう区分けがされているのかを図解でご説明しました。重要なことは、コンサルタントとは、コンサルティングをする人のことを指すということです。

この当たり前の前提に立つとき、「講演」や「セミナー」、「研修指導」、「メディアへの出演」、「執筆」、「営業代行」…といった仕事がメインであれば、当然、本来はコンサルタントではないことになります。

しかし、新聞や雑誌などに載る際、マスメディア側が紹介の都合上、コンサルタント的な肩書をつけたり、本人もコンサルタントと称したほうが商売しやすいといった理由などで、割といい加減に使っているというのが実態です。

何せ、国家資格でも何でもないので、「私は○○コンサルタントです」と突然名乗ったとしても、何もおとがめはありません。まさに好き勝手です。強いて言うなら、実態のあるコンサルタントなのか、「自称」かの差はあっても、コンサルタントという肩書きをつけるのは、その人の勝手なのです。

こうしたこともあって、巷にはコンサルタントが溢れているのですが、なかでも派手に目にする人がコンサルタントと称していると、「コンサルタントという仕事は、ああいうふうにやるもの…」と知らぬ間に刷り込まれていってしまうのです。

本人が「私はコンサルタントです」と称していても、本質的に違う仕事であれば、やはり真似るほど、おかしな方向に行くことになります。マネをするにしても、よくよく相手を見極めなければならないのです。

しかし、こうした違いを明確に伝える人は、世の中ではきわめて稀です。違いをまともに理解している人がほとんどいないというのも大きな理由のひとつです。

よく、「士業・コンサルタント・講師のための…」といった表現で、十把ひとからげ的に、ビジネスの成功法などが宣伝されていたりしますが、まるで違うビジネスなのに、それを一緒にしている時点で疑問を持つべきでしょう。

専門コンサルタントの時代が到来

私は、コンサルタント業専門のビジネスアドバイザーとして、より多くの企業コンサルタントの方が活躍することを本気で支援しています。これからの時代、中小企業にとって、実務ノウハウの活用こそが成長発展の原動力となる…と信じているからです。

実際、優れた経営者は、自社の新たな儲かる仕組みづくりのために、常時複数の専門コンサルタントを活用していることも珍しくありません。短期間に儲かる仕組みを作り上げ、ライバル他社を尻目に事業を急成長させています。

これは、従来型ともいえる、一人の経営コンサルタントに、「困っているので助けて…」と言うのとは、明らかに一線を画す使い方です。

事業成長に必要な目的別に、その実務や仕組みづくりに精通した専門コンサルタントを使って会社を急成長させる。その期待に応えるべく、「自分のコンサルティングの特徴や強みを活かして企業に貢献する」、こうした専門性、もっと言えば独自のキラーコンテンツを持っている多種多彩なコンサルタントの登場が、待ち望まれているのです。

企業の現場で培ってきた本物のビジネスノウハウは、今こそ「コンサルティング」として活用されるときが到来しています。この好機を活かすためにも、コンサルタント側は、しっかりと経営者にアピールしていくための「コンサルタントの営業方法」を身につける

ことが重要となります。なぜなら、

- **「会社が傾いたときに頼むのが、従来型コンサルタント」**
- **「もっと儲かるように頼むのが、専門コンサルタント」**

という違いがあり、「困ったときの駆け込み寺」的な、待ちの営業姿勢では、クライアントの獲得を、前述した確率論として行っていくことがままならないからです。

たとえて言うなら、転んで怪我をしたとか、熱が出たとか、風邪をひいた…といった場合、近くにある町のお医者さんが選ばれます。言葉は悪いですが、どこのお医者さんに行ってもそれほど変わりませんし、近くてすぐ診てくれるほうが助かるからです。

一方で、美容も兼ねたフィットネスや、筋力アップと体質改善…等といった、より良いライフスタイルの構築が目的の場合、くわしい情報やメッセージを発信しているところを探します。多少遠くても自分に合っているかどうか、考え方やスタイルに納得できるか…が重要であり、その判断のためには情報が必須だからです。

なお、誤解がないよう付け加えておきますが、これからも、町のお医者さん的な従来型コンサルタントの先生は必要とされます。一定のニーズがあるからです。しかし一方で、急速に伸びてきているのが、専門特化型のコンサルタントということなのです。

自らの得意分野で成長支援をする専門コンサルタントは、自分の持つ魅力をしっかりアピールする営業スタイルと相性がとてもいいのです。

ですから本書は、コンサルタントがしっかりと一人立ちして活躍していくことを念頭に、**「どうすれば、自らクライアント開拓ができるようになるのか？」という「自己開拓」に的を絞って説明**をしています。

これは前述のとおり、他の似て非なる仕事の営業方法とはまるで違うやり方となります。読者の中には、「こんな方法はやっていられない！」と怒り出す人も出てくるかもしれません。一般的に言われている、「クライアントを紹介してもらう方法」などとは、まるで違う方法であり、むしろ真逆の考え方だからです。そして、決して簡単とは言えない方法です。

実際、弊社にお越しになられたコンサルタントの方でも、営業方法をご説明すると最初は尻込みされる方も珍しくありません。

ただし、本当に素晴らしい見返りも用意されています。

それは、この手法が回せるようになると、年収3千万円はおろか、5千万円や1億円も夢ではなくなる…ということです。さらに、自らコンサルタント業を辞めようと思うまで、生涯現役で食いっぱぐれる心配もなくなります。

生涯現役ということに対しては、人によって考え方が違うかもしれません。プチリタイアして老後はゆっくりと…と考える人もいるかもしれません。しかし、「お声がかからなくなって、辞めざるを得なくなる」というのと、自分から余裕でリタイアするのとでは、これは天地雲泥の差だということは間違いないでしょう。

似て非なる仕事の場合、60歳を過ぎたあたりで急にお声がかからなくなる…ということが、実際よくある話なのです。本人的には「まだまだやれる」と思っているのに、仕事がなくなり、新たな仕事を探す営業方法もわからず、事実上の廃業という、なんとも辛い状態になった人を、たくさん見てきました。

少なくとも、せっかくコンサルタント業に進むのなら、大いに活躍するに越したことはありません。そして、多くの人から感謝される生き方であれば、できるだけ長く味わいたいと思うのが当然だと思います。

最後の最後まで活躍できる状態を作りだす、その現実的な実務が、「営業」ということです。

冒頭では、かなりしつこく「営業の重要性」についてご説明いたしました。本質的に、このご理解がきわめて重要だと考えるからですが、何卒ご了承ください。

これから、「コンサルタントのための営業方法」について、事例を交えながら、わかりやすくご説明していきます。

【ワンポイント】コンサルタントは似て非なる先生業のやり方をどれだけマネても成功しない。必要なことは、「コンサルタントとしての営業方法」を熟知し、行うこと。

第1章

営業力は、3千万円プレーヤーへの夢をかなえる原動力

先生業のポジションが違えば、生きる方法はまったく違う

講演講師の真似をしても食べられない

今から3年半ほど前のことです。ある情熱的なコンサルタント志望の方と出会ったのですが、彼が居酒屋で言った「弟子にしてください！」という言葉は、今も耳に残っていて忘れることができません。

もちろん「弟子」というのは、言葉の意味どおりではありません。コンサルタントとして活躍することを目指しているにもかかわらず、思い描いていた通りに全然進まない。やっていける方法を教えてほしい…という意味です。

ズバリ、前著でご紹介したFさんのことです。商業出版を目指して本を出すことに成功し、学んだ講演テクニックを駆使して商工会議所などで40回以上も登壇していたにもかかわらず、「コンサルティング契約が一件も取れない」という状態だったのです。

ブログにSNS、メルマガ、経営者などが集まる異業種交流会…などでは「売れている自分」を演出して、皆から「すごいですね〜」ともてはやされるも、コンサルタントとしての実績はゼロでした。「本当に自分は、コンサルタントとしてやっていくことができるのだろうか？」という不安でいっぱいだったと述懐されています。

そんなFさんに、まずお伝えしたことが、次ページの、ＡＢＣＤの４象限の図解による「先生業の構図」でした。ご自分の戦略ミスに気づいてもらうためです。

ビジネス系と言っても、コンサルタントの他に、講演講師、セミナーの先生、研修、アナリスト、ビジネスタレントといった「似ている先生」がたくさんいます。これらの先生業とは明確に異なり、そしてやっていく戦略はまるで違うのです。

かいつまんでご説明すると、ビジネス系の中でも、お金を払う決裁権を持っている人と、サービスを享受する参加者とが別人であれば、どれだけ上手に講演をしてもコンサルティングを受注することはできないということです。

要は、セミナーで50人や１００人というたくさんの人が集まっていたとしても、参加者が営業マンばかりで社長がいないのであれば、**決裁権を持たない人たちの集まりですので、コンサルティング契約は取れませんよ**、ということです。

あまりにも当然のことなのですが、当時のFさんをはじめ、世の中ではこのセオリーを無視して、悪戦苦闘している方が本当に多いのです。なぜそうなってしまうのか、理由は大きく二つあります。

ひとつ目は、自分を客観的に捉えることが、想像以上に難しいという理由です。頭ではわかっているつもりでも、「経営者から見てどうか…」という視点に立つことは容易なこ

「先生業」の構図

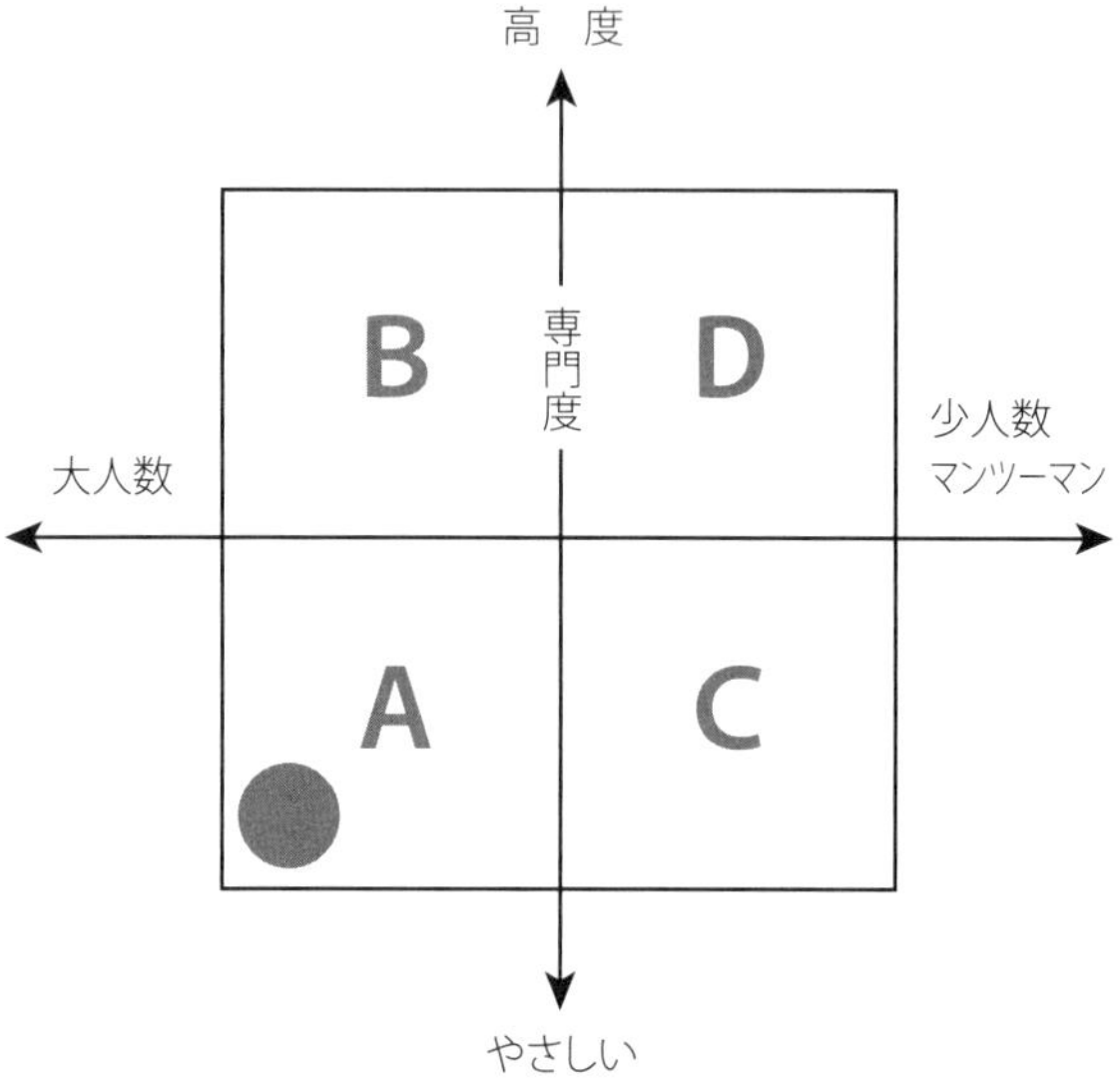

Aゾーン → 学校、学習塾、やさしい内容を大人数相手に
Bゾーン → 簿記、経理、在庫管理、秘書講座、ビジネスマナー
Cゾーン → ピアノやパソコンなどのお稽古ごと、個人レッスン、家庭教師
Dゾーン → 個別相談、個別対応、個別コンサルティング

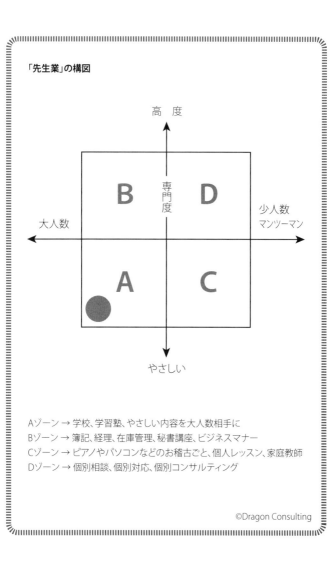

とではありません。

しかも、自分のことになると、もうびっくりするくらいに見えなくなってしまい、ついつい自己都合で考えていってしまう人が非常に多いのです。

実際、セミナーや出版の企画などを拝見するとき、「ご自分がコンサルティングしたい会社の社長さんにとって、興味を持ってもらえる内容ですか？」などと質問してみると、「う〜ん…。どうですかね、まずは売れることが大事ですから…」などと、お茶を濁したような返事がよく返ってきます。

自分の見込み客と読者や参加対象がズレていることに、本人も薄々気づいているのかもしれません。

しかし確証が持てない、いやいや確証を持ってしまって企画がボツになるのが怖い…と言うべきかもしれません。いずれにしろ、ズレたテーマで本が出たり、セミナーが行われて成果が出ない…ということが続くのです。

もうひとつ、悪戦苦闘してしまう二つ目の理由は、本書の冒頭でもお伝えしたとおり、「似て非なる仕事」のやり方をみて、「きっとそうするものだ」と思い込んで真似てしまうからです。

始末が悪いのは、ビジネス系の先生たちを指導する人の中には、先生業による違いもよく理解せずに、すべてごちゃ混ぜにして教えている人がいるという点です。

セミナーや講演のやり方を教えるのは構いませんが、楽しませたり笑いを取って人気になる講師業の話し方と、信頼感を増幅させてコンサルティング契約を取るためのコンサルタントの話し方とでは、まるっきり異質で次元が違うものです。同じように指導すること自体、そもそも無茶苦茶と言わざるを得ません。

実際、Fさんの場合、セミナー受講者からは「面白くてわかりやすい講師」として評価は高く、セミナー企画者からも高評価を得ていました。

これは、講演テクニックを学んでいたためで、その成果がしっかり出ていたからです。ただし、経営者の前で登壇して、コンサルティング契約が取れるかどうかとなると、話は別です。

Fさんが、念願の経営者の前で初めてセミナー登壇した際、後ろのほうで拝見していたのですが、正直な感想は、「これでは、経営者から相手にされない…」というものでした。たいへん失礼な物言いかもしれませんが、表面的には面白おかしくても、コンサルティングを依頼するに値する内容ではなかったからです。

重要なことは、**コンサルティング契約とは、経営者に「会社の重要な部分をさらけ出していただく」**ということです。

「セミナーを聞いて面白かった」「勉強になった」で済む話とは、まるで次元が違うのです。こうしたことも理解せずに、ウケる講演の教えに従い、「似て非なる仕事」の真似を一生懸命やっていたFさんは、本人のポテンシャルを活かすことなく、実に一年半もさまよっていたのです。

売れるコンサルタントになるためには、まず「コンサルタントとしての正しいポジショニング」を取ること、先生業の構図で言えば、「Dゾーン」にしっかり定めて、自らのコンサルティングの内容をそれに合わせて体系化することに尽きます。

そして、売る力を上げるために、コンサルティングをパッケージ化して活動していくことが重要なのです。（※くわしくは、『コンサルタントのための、〝キラーコンテンツ〟で稼ぐ法』エベレスト出版刊をご参照ください）

こうしたことを、手抜きをせずにじっくりと行うことで、コンサルタントとして活躍する道が開けていきます。

「講演」依頼は、コンサルタントにとって仕事ではない

さて前著では、コンサルティングを体系化した後、セミナーで初受注して…というところまでお伝えしましたが、その後のFさんの経過は、周囲のビジネス系の知人多数に影響を与えながら、実に興味深い展開となりました。

Fさんがご自身のコンサルティングを体系化した後、それを売っていただくための営業活動として、私が方針としてお伝えしたことは、「クライアントは、絶対に自己開拓できなければダメですよ」というものでした。

自己開拓とは、読んで字のごとく「自分で開拓する」、つまり「自らクライアント契約を獲得できるようにならなければダメですよ」という意味です。何か当たり前のように聞こえることですが、この言葉は実に厳しいことを意味しています。

くわしくは後述しますが、先生業のポジションによって、その営業方法は全然違うものになります。冒頭でご説明したサメとイルカのように、「生きる方法が違う」くらいに、その活動方法も違ってくるのです。

Fさんの場合、ポジショニングとしては、「企業コンサルタント」です。依頼を受けたクライアント企業の営業戦略を練り上げ、効果的で新たな販売手法を構築して、売れるようにするのが仕事です。

こうした企業向け、または経営者を直接相手にする専門コンサルタントの場合、クライアントとなる企業から直接依頼を受けられるようにならなければ、自分のビジネスを成長させることも、また安定的に展開することも難しくなります。仲介者頼みであれば、いつ売上げになるか、自らコントロールができないからです。

正直な話、短期間に成果が出やすく、楽な方法として企画担当者などに「売ってもらう」考え方もあります。ただし、長期的なビジネス展開で考えれば他人依存を高めれば高めるほどリスクになるだけに、「自己開拓」は自らのビジネスの絶対条件です。顧客開拓が自分でできれば、自分のビジネスを真にコントロールできるからです。

Ｆさんは、「自分は本物のコンサルタントになって活躍したいのです。技術指導をして尊敬されていた祖父の背中を見て育ちました。自分も立派な仕事をして、世の中に貢献がしたいのです。」と実直に話されました。

この言葉を聞いて、安易な方法をお伝えする考え方を粉砕し、厳しくとも、圧倒的に強い本物のやり方をお伝えしようと考えたのです。

Ｆさんに、営業展開としてお伝えしたことは、「講演・セミナーの依頼」を受けたとしても、それは「仕事ではない」ということでした。これには、「何を言っているんですか？」と目を丸くして驚いた顔をされました。

無理もありません。講演やセミナーの依頼を受ければ、安くても数万円から、場合によっては数十万円にもなる話です。これを「仕事ではない」と聞けば、驚かない方がむしろ不思議かもしれません。

しかし、こちらもいい加減なことを言っているわけではありません。しっかりとした理由があっての話です。もう少しわかりやすく言えば、「それはもらった案件であり、自分がつくり出した本業ではない」ということです。

この言葉は、弊社にご相談にお越しになられた方々には、よくお伝えしていることなのですが、「メインの仕事ではないけれど、仕事だから…」などと言っていると、何が本当に大事な仕事か分からなくなってくるので、無理やり一発で理解していただくために、こうした乱暴な表現を使っているわけです。

では、何がFさんにとっての本当の仕事で、営業活動とは何をすることなのか…。それは「本業とはズバリ、コンサルティング」であり、「コンサルティング契約が一定の確率でとれるようにしていくさまざまな活動」が営業活動です。

セミナーは、自主開催するからこそ意味がある

営業活動のわかりやすい具体例は「セミナー」です。ただしセミナーはセミナーでも、

講演やセミナーを依頼され、講師として登壇するものとは大きく異なります。あくまでも、「自主開催セミナー」であることが、重要なポイントです。

何が違うのかと言うと、自主開催セミナーであれば、当然、自分が主催者ですから、全権を持っていることになります。つまり、誰かに気兼ねすることなく、自分の思い通りに話すことが可能です。

簡単な話、自分のコンサルティング実績のアピールやくわしい内容の案内など、営業的な話を積極的に行ったとしても、主催者から「営業的な話はやめてくれ」と言われることは絶対にないわけです。

もちろん、営業トークが強すぎれば、参加者から煙たがられることは当然あります。しかし、講演講師やセミナー講師を本業としているBゾーンの先生とは違って、コンサルティングが仕事となるコンサルタントの場合、セミナーから契約を獲得できるかどうかは、きわめて大きな意味を持ちます。言葉は悪いかもしれませんが、コンサルティングと非常に相性のよい、「営業の場」だからです。

ところが、セミナー会社などから依頼されて登壇する場合、持ち込み資料の配布を制限されることもありますし、話が営業的だとクレームをつけられることも珍しくありません。セミナー会社としては、繰り返しセミナー受講をしてもらわなければ商売になりませんので、参加者の満足度は重要な指標となります。

このため、営業的な話をガンガンされても立場的に困るという事情があります。要するに「大人しく話をしなければ、次からは呼ばないよ」という暗黙の了解の中で話をせざるを得ないのが、依頼されたセミナー登壇なのです。

ちなみに、依頼を受けてセミナー登壇する機会があるということは、これは大きなチャンスであることは間違いないのですが、自主開催のセミナーとでは、結果にも大きな差が出てきます。

数字的なことで言えば、場慣れ具合やキャリアなどでも差はありますが、依頼を受けて登壇した場合に比べて、自主開催時の契約獲得率は、概ね3倍くらい高まるという結果が出ています。

この数値に、「本当に?」と思われるかも方も多いかもしれません。一般的には、「呼ばれて登壇するほうが、信頼も高まっているので有利」と言われたりしているからでしょう。しかし、関わったコンサルタントの方、数十人による営業の結果では、まったく逆です。自主開催したときのほうが、契約獲得率は圧倒的に高くなっているのです。

理由は、「信頼性」ということだけで見れば、たしかに「呼ばれて登壇」のほうが立派な主催企業の看板を借りることになるだけに、高くなるに違いありません。しかし、重要なことは「信頼＝契約」とは、限らないということです。

後述しますが、そもそも、「契約を取るためのセミナー」と「社員向けの研修セミナー」とでは、登壇方法がまるで違ってきます。このことに気づいていない人が非常に多いのですが、研修セミナーの登壇スタイルのまま、自主開催セミナーを行ったとしても、まず契約を取ることはできません。

ですから、この状態で比較したとしたら、「契約率が3倍になんて全然ならない！」ということになってしまいます。

そもそも、自主開催しても、契約獲得がゼロのうちは、「営業力ゼロ」というべき状態のため、倍率も何もあったものではありません。講演依頼を受けたセミナーで契約が取れたとしても、それはあくまでも、自主開催セミナーで受注ができるようになっていることが前提で、その上で比較したら3倍くらいの数字になる、ということです。

いずれにしろ、コンサルタントにとってのセミナーの重要ポイントは、「自分のコンサルティングのアピールをどれだけできるか」、もっとハッキリ言えば、「営業行為を行えるかどうか」という点です。

コンサルタントにとって、「登壇」は本業ではないだけに、営業できるのであれば、タダで登壇しても全然構わないわけです。一件契約が決まれば大きいからです。

ですから、「思いっきり営業してもいいよ」というセミナーの登壇依頼ばかりであれば、コンサルタントにとっては非常にありがたいのですが、残念ながらそういう話は、きわめて稀です。仮にあったとしても、次回の開催は、やはり主催者次第ということは変わりません。思い通りに来月…というわけにはいかないのです。

ですから、自分が専門とするコンサルティングに即した内容で、セミナーを定期的に自主開催することには大きな意味があります。

見込み客企業と接触することが実際に可能となりますし、そして、そこから一定の確率でコンサルティング契約が受注できるようになることで、誰かに依存することなく安定的に、しかも自らの努力ひとつで、コンサルティングビジネスを大きく展開していくことができるようになるからです。

文字で書けば数行足らずのことです。実にシンプルに聞こえますが、当然、それほど簡単なことではありません。お金もかなりかかります。

企業の経営者に「セミナーに参加されませんか？」とご案内するためには、郵送のダイレクトメールを使うことが多いのですが、50通出して参加者が集まるかと言えば、それほど甘い世界ではありません。

ダイレクトメールでご商売されたことがある方なら、反応率がどれくらいのものかご存知だと思いますが、簡単に言えば、「センミツ」の世界です。「センミツ」とは、千に三つという意味で、要は1千通に対して三つの反応が出るかどうか…ということです。

実際には、これよりさらに悪いケースも珍しくありません。2千通のダイレクトメールを出して反応は「住所変更の電話1本だけ…」という、笑えないような実話は、数限りなくあります。

このとき、費用はどれくらいかかったのかと言えば、印刷代や封筒代などもありますが、郵送費も含めてざっと1通100円くらいかかります。つまり、単純計算で20万円を投じたことになります。それで反応がゼロということがあるという話です。

こんな話を聞けば、「とてもやっていられない」と思ったとしても不思議ではありません。20万円と言えば、駆け出しのコンサルタントにとって、簡単に使える金額ではないでしょう。それをドブに捨てるようなことになるかもしれないという話なのですから、動揺するのも当然です。

実際、Fさんの場合も、「えっ!?」という声とともに、驚いた顔をされていました。心中穏やかではなかったに違いありません。

しかし、彼の決意は揺るぎないものでした。「私はコンサルタントを目指すと誓ったのですから、ここは腹をくくるとき、ということでしょう」と言って、なんと数日後に銀行からお金を借りてこられたのです。

彼には妻と二人のお子さんがいるので、当座のやりくりに絶対に困らないため…とのことでしたが、本当にダイレクトメールで反応が出るかどうかは、やってみなければわかりません。相当な覚悟を持っての挑戦がはじまったのです。

自主開催するセミナーの日付と会場を決めた後、パンフレットをつくり、1千通のDMを実際に発送してみると、運よく3件の反応がありました。まさに予定どおり？ センミツの反応だったのです。

千に三つだけ？と思う人も多いかもしれません。しかし、弊社では、コンサルタントが自主開催するセミナーに関しては、「参加費は最低でも1万円、できれば3万円くらいにしてください」と伝えており、こうした高い有料セミナーにおいては、お申し込みがたった数名でも十分ですし、本当に凄いことなのです。このカラクリは後述しますが、コンサルタントの自主開催セミナーの場合、価格設定も重要な意味を持っています。

ちなみに、Fさんのこのときのセミナー代金も3万円に設定していたのですが、狙い通りの3名のお申込みに、Fさんに「これはいけますよ！」と伝えて、セミナー当日を緊張しながら迎えたのです。

セミナー集客で、誰もが最初苦戦する理由

Ｆさんの場合、最初の数回のセミナーでは悪戦苦闘の連続でした。

・「集客がうまくいっても、セミナー当日がよくない」
・「話の内容や説明は良かったが、いかんせん集客が悪かった」

要するに、「集客とセミナー当日の両方」が揃わなければ、コンサルティング契約には結び付かないのですが、この両方がなかなか揃わないのです。

こうなってしまうのには理由があります。セミナー当日の「話す内容」の練習などに集中していると、どうしても集客が疎かになってしまい、「お申し込みがほとんどゼロ」ということになってしまいがちです。

一方、集客あってこそのセミナーなので、ＤＭ以外にもネットの広告やＦＡＸ、コラムを書いたりメルマガを出したりと、さまざまな活動で参加人数を増やす努力をしなければなりませんが、これに没頭していると、練習不足で当日の内容がいま一つになってしまうという問題です。

セミナー登壇を何十回とまでは言いませんが、５、６回ほど経験すると、徐々に慣れて

くるので、当日話す内容も覚えて、参加者の表情を読みながら反応がよさそうな内容に切り替えたりすることもできるようになります。

しかし、セミナー登壇をはじめて間もない頃は、よほど事前に練習を繰り返していないと、本番当日に何を話していいのやら、頭が真っ白になって、アタフタしてしまうことも珍しくありません。

読者の中には、「自分は、セミナー講師として何度も登壇したことがあるから大丈夫」と思われている方がいるかもしれません。実際、弊社に来られた方の中にも、「私はセミナー慣れしていますから…」と自信を見せていた方も結構いました。

しかし、そんな方でも、当日顔色がみるみる青白くなり、額から変な汗が吹き出てまともに話せなくなってしまったという場面に、何度も出くわしたことがあります。これは、先から申し上げているとおり、「研修セミナーで話をする」ことと、「契約が取れる話をする」こととでは、同じセミナー登壇でも、次元がまるで違う話だからです。当然、プレッシャーもまるで違うものになります。

そもそも目の前に座っている参加者は、コンサルティング対象となる「中小企業の社長さんたち」です。想像してみてください。とくに、ゼロから立ち上げてきた創業経営者を相手に、自分がモノを申すとしたら…。

セミナーで何度も登壇してきたことがあるという方でも、これまで講演やセミナー研修では、先生業の構図で言えば、いわゆるBゾーンの「社員対象」で話をされてきた方ばかりだと思います。会社からお金を出してもらって、セミナー研修を受けに来ている人の場合、相対的に、「姿勢よく、話を真面目に聞いてくれる人が多い」傾向があります。いわゆる優等生なので、話をすればうなづいてくれたりして、話もしやすいのです。

これは、ちゃんと聞いていないと、後で社長とか上長に叱られるかもしれない…といった思考回路が働くのかもしれませんが、いずれにしろ、自分でお金を払って聞きに来ている経営者の受講態度とは、雲泥の差があります。

経営者の場合、よくも悪くも受講態度はきわめて自然体です。椅子にドカンと座って脚を組んで聴く人もいれば、まるで寝ているかのように天井を仰ぎ見ながら聴く人もいます。前のめりに両肘をつきながら獲物を狙うかのようなポーズで聞く人もいます。

話の中で同意を求めても、うなづいてくれるとは限りません。ハッキリしていることは、「内容的に興味がない、役に立たないと判断すれば、セミナーの途中でも帰る」ということです。途中退席しないまでも、受講中に用事をはじめたりすることもよくあることです。

こうしたことは、給料をもらってセミナーを聴きに来ている人では、まず考えられないことでしょう。こうした違いを目の当たりにしたとき、たいていの人が空気に飲まれてしまい、ビビッて「恐怖」を感じてしまうわけです。

Fさんの場合も、例外ではありませんでした。公園テクニックは身につけていたものの、目の前の「噛みついてきそうな経営者」を相手に、「私のコンサルティングはどうですか?」とアピールしなくてはならないわけですから、当日の状態はご想像にかたくないと思います。実際、初めの数回は惨憺たる状態でした。

しかし、セミナーの回数が5回、6回を越えてきたあたりで、変化が表れてきました。はじめてから8ケ月が過ぎたころです。セミナー終了後に、彼の人生を変えることとなる、一件の受注に成功したのです。

【ワンポイント】コンサルタントにとって、講演依頼は本業ではない。どれだけ講演講師の真似をしても、クライアント契約を獲得できなければ未来は拓けない。

クライアント開拓力で、一躍大活躍のコンサルタントに

ひとつの経験が、コンサルタントを大成長させる

セミナーの翌日、飲食業界きっての有名なS社長から、「F先生、ご相談があります」との電話が入ったのです。心臓が飛び出そうなほどの嬉しさを抑えながら、彼は神奈川県にあるS社を訪問したのです。

うかがえば、「大金かけて作った新製品が、全然売れずに困っている。助けてほしい」という内容でした。その数、実に4千台とのこと。

4千台と言われてもピンとこないので、とにかくその製品を見て見たいと、倉庫に連れていってもらったところ、その現実に驚愕することに。山のように積み上がっている在庫を見たとき、Fさんは、「これは、とても自分の手に負える案件ではない。せっかくの話だけど断ろう…」と思ったと言います。

今でこそ、当時のことを思い出して笑い話になっていますが、実際Fさんは、S社長は恐そうで言いにくいので、営業部長のNさんに「すみません。無理そうなので断りたいのですが…」と告げに行っているのです。

ところが、「お願いですから、それだけは言わないでください。ウチの社長は、叩き上げの人で、できないとか無理という単語を聞くと、烈火のごとく怒りはじめる人なんですよ、ですから…」と逆に懇願されてしまう始末。逃げ場を失った（？）Fさんは、覚悟を決めて事にあたることになったのです。

仕事柄、大勢のコンサルタントの方々を見てきましたが、いつも感じるのは、うまく行く人は、本人が望むと望まざるに関係なく、「なぜか、覚悟を決めざるを得ない境遇に追い込まれる」ということです。もちろん、ご自分の強い意志で覚悟を決める方もいます。しかし、どちらかと言えば、追い込まれる方が不思議と多いのです。

「覚悟を決めて、（決めさせられて？）事にあたりはじめた人は、必ず結果がついてくる…」。これは、真面目に仕事をやるとかそういう次元の話ではありません。逃げ場がない状態、文字通り「背水の陣」になると、本人も驚くようなすごい力を発揮する（せざるを得ない？）ということです。

そして、もうひとつ興味深いことは、コンサルタントとして活動をはじめた初期の頃に、必ずと言っていいほど、そのご褒美が与えられるという点です。コンサルタント人生を大きく左右する「きわめて重要なクライアント」との出会いです。

理屈で考えてみると、成果がある程度出せるようになって、その実績を聞きつけて優良企業が依頼してきて…という方が筋が通りそうなものですが、事実は不思議なもので、初期に出会うことが本当に多いのです。

損得勘定とかテクニックとか、そんな次元を越えて無我夢中で覚悟を決めていっているからこそ、経営者が自分自身を重ね合わせて、そうしたコンサルタントに興味を持ち、依頼してきてくれるのかもしれません。理屈は定かではありませんが、事実として、こうしたケースは経験則的によくあります。

Ｆさんにとって、業界で「その名を知らない人はいない」と言われるほど有名な創業オーナーのＳ社長との出会いは、まさにその実証例ですが、他にもすばらしいクライアントと不思議な出会いをされているコンサルタントは本当に多くいます。

わずか2年で、月間10社以上のクライアントを回るコンサルタントに

Fさんは、この逃げられない案件に立ち向かいました。倉庫にうず高く積まれた在庫を売りさばくためにはどうすればいいのか…。社長や営業部長と話をしながら、突破口を探り、2か月間練りに練った営業提案書がつくられたのです。

彼のコンサルティングの最大の特徴は、取引先のネームバリューを活かして次々に販路を広げていくという独自の営業体制づくりにあります。この仕組みにより、少人数の営業スタッフでも全国展開が可能になり、販売を通じて自社商品のブランド力を高めていくことができるという、大きなメリットがあります。

そして、この営業体制づくりのキーポイントは、最初の突破口となる、「有名な取引先をどう開拓するか？」ということです。重要となるのは、硬い岩盤を突き破ることができる独自の営業提案書です。

彼は、S社の商品を導入することで、大いにメリットがあると感じられる業界トップクラス企業にアタックするための、独自の提案書の作り方を指導。厚さにして5㎝近くにもなる資料で、大手企業ならではの「稟議・決済」を前提とした、きわめて繊細に設計された営業ツールです。

時間を掛けて調べに調べあげた上でまとめられる提案書の成果は、これまでに実に95パーセントの成功率を誇り、まさに一撃必殺とも言えるツールです。S社長はこの提案書を携えて、狙いをつけた上場企業のレストランチェーンの本社に、トップ営業として社運をかけて向かったのです。

さすがは一代で、業界に名を轟かせる企業をつくり上げた営業畑出身のS社長です。果せるかな、4千台積み上がっていた在庫を、まさに一掃する受注に成功したのです。全社沸き立ち、「F先生、ありがとうございます！」という感謝の声が鳴り響いたのです。

彼にとって一番の成果は、コンサルタントとして、クライアント企業に対してしっかり成果を残すことができたことでしょう。しかし、もう一つ大事な成果は、このS社との関わりは、「自らの営業活動（セミナー）がきっかけで、コンサルティング契約になった」という事実です。

誰かに紹介してもらったり、上から回してもらった案件ではなく、自分が主催したセミナーから契約してもらった仕事だということです。

このことは、「何度でも再現することが可能」ということを意味しています。もちろん、簡単なことではないと言うまでもありません。しかし、自ら主催したセミナーで、自ら講師として説明し、それに共鳴していただいた経営者から契約をいただき、そしてコンサルティングで実績を出して感謝される…。

Fさんが言われた、「ゴトウさん、私が夢にまで描いていた、理想のコンサルタントへの第一歩が実現しました。これをやりたかったんです。ありがとうございます。」という言葉を聞いたとき、私も思わず胸に込み上げてくるものがありました。

自分でやっていく方法を覚えたコンサルタントは、本当に強くなります。ヨチヨチ歩きでも、自分の足で立ち上がり、徐々に大地を踏みしめ、そして力強くしっかり歩けるようになっていきます。

最初の1年半で、2社のコンサルティング契約しか取れなかったFさんでしたが、この運命のS社との出会いにより、強烈な自信が宿り、経営者と対峙したときにも物怖じすることなく、「どうぞ安心してください」と言わんばかりの人間的魅力をまとうようになりました。

こうした変化により、その後の1年半で、なんと14社の契約獲得を実現して、その後も、「月間10社以上は忙しくて回れないため、2か月ほど待っていただいている会社もありまして…」というオマケ付きの状態です。

年収3千万円は手が届く現実

さて、収入の話、つまりお金の話でいささか恐縮ですが、やはり読者のみなさんにとって、非常に興味があることだと思います。

実は、Ｆさんに、コンサルタントを目指す…という話をしたとき、「3千万円を超えて、ようやく入口ですよ」とお伝えしました。

これは、前職時代も含めて、仕事柄たくさんのコンサルタントの方と関わっていますが、本当に実力があって活躍されているコンサルタントであれば、年収3千万円くらいはとくに驚くほどの金額ではない…というのが正直な感覚だからです。5千万円クラスも結構多いですし、1億円クラスの方ともよく会います。

ただし、彼らの見た目はいたって普通です。よく、それだけ稼いでいる人だったら、「いかにも…」といった格好なんでしょうね？と言った質問を受けることがあるのですが、むしろそんな派手な人など、本物の実務コンサルタントの中では、まず見たことがありません。

これは、ちょっと考えればわかることですが、コンサルタントとは、経営者のサポートや事業のお手伝いをする仕事ですから、自分がスポットライトを浴びて注目を集める仕事とは、まるで違うからです。

みなさんが想像される「いかにも…」という、やたらと派手で目立つ格好とは、講演や登壇、メディア露出が仕事である人のスタイルです。仕事の本質がまるで違うわけで、その結果、見た目の恰好からしても全然違うのです。

本物の実務コンサルタントとは、企業に赴いて実務指導することが仕事ですから、「ビジネス」としてまともな恰好をしっかりしている人ばかりです。変な格好の人が会社に入っていくのを、取引先やお客さんに見られたら、その会社の足を引っ張ることになることぐらい、誰でも判断がつくでしょう。

ですから、まともなコンサルタントほど、優れたビジネスマンや事業家のような自然体の格好になります。やたらと目立つ格好をしているとしたら、その人は本物のコンサルタントではないと断定してもいいくらいです。

ちなみに、違いは見た目だけではなく、経営者からの扱いにも現われます。芸能やタレント系ビジネスだと、丁寧は丁寧でも、「チヤホヤ」の扱いですが、大切なビジネスパートナーやかけがえのない先生は、畏敬の念をもって重く扱われます。ここに、コンサルタントとしての価値、やりがいが大きく表れてくるのです。

重要なことは、コンサルティングの対価として、一流のビジネスマン並みの収入を得ることができるかどうか、ということです。コンサルタントと称する限り、コンサルティング収入がメインでなければ、そこに嘘があることになります。

Ｆさんから、「今期は3千万円突破できそうです」と、わざわざ声をかけてくれたのですが、これは正真正銘、コンサルティング代によって達成される数字です。本格的な活動を開始して約3年が経とうとしている今、本物のコンサルタントの入口に、実際に立つことができたということです。

３千万円が多いか少ないかは、本書をお読みの方のご判断にお任せいたしますが、お伝えしたいことは、「努力はもちろん必要ですが、３千万円プレーヤーになることは、手の届く現実」であるという点です。

要するに、Ｆさんだけの特殊な例や単なるラッキーなどではなく、きちんと準備を行い、手順どおりに営業活動を行っていけば、「３千万プレーヤーのコンサルタントになって活躍することは、決して夢ではない」ということです。実際、弊社で関わったコンサルタントの方で、他にも何人も3千万円に届いている方がいます。

念のため断っておきますが、「稼いでいる人が勝ち」などという、低俗な煽り話をしたいのではありません。

本当に活躍している人は、多くの経営者から熱烈に支持され、お声がかかり、また仕事が依頼される…という事実を知っていただきたいのです。

何百万円を払ってでも、その対価以上のコンサルティング成果が得られるので、依頼が続くのです。だから、ますます活躍し、収入も増えていくのです。

Fさんの場合も、仕事の依頼が急に増えたのがその証拠です。活躍がさらなる仕事の受注に結びついて、そしてそれが収入になって返ってくるのです。

私は常々、コラムをはじめセミナーなどにおいても、「経営や仕事の現場で、10年以上真剣にやってきた人には、必ずと言っていいほど、独自の実務ノウハウが宿っています」と申し上げています。

真面目に仕事をしてきた人、実務の現場で歯を食いしばってがんばってきた方に、報われる生き方をしていただきたい。なぜなら、その積み重ねてきたノウハウこそが、これからの日本の企業を大きく成長させる原動力になるからです。

積み重ねてきた独自のノウハウを、「売れるカタチ」に変えて、そして、自らクライアント開拓していける営業方法を身につける。このことより、多くの経営者から熱望されるコンサルタントとして、本当の意味で「自分のこれまでの人生を、最高に活かすことができる」ようになります。

弊社では、この「独自のノウハウ」のことを、経営者から見れば「高いお金を出してもほしいノウハウ」のことを、「キラーコンテンツ」と呼んでいます。

コンサルタントにとって、キラーコンテンツがあるかどうかは、まさに売っていくときに強力な武器を持っているかどうかの違いになりますが、この根源となるものこそ、「何年もかけて積み重ねてきた実務ノウハウ」なのです。だからこそ、多くのがんばってきたビジネスマンにとって、コンサルタントとして大いに活躍できる可能性があるわけです。

本物のコンサルタントとして活躍することを望むなら、「自らクライアントを開拓できるようになる」ことは非常に重要なことです。逆に言えば、これができなければ、実に不安定な経営状態になりかねないということです。

自らクライアントを開拓できるようになりたい…、この一心で弊社の扉を叩いた方は、少なくありません。コンサルタントをはじめたけれど、自分で開拓できないばかりに辛酸をなめさせられることが嫌というほど多いからです。

次章から、どうすれば自分で顧客を開拓していくことができるのか、その具体的な戦略と実務について、事例を交えながらわかりやすくご説明していきます。

【ワンポイント】クライアントの自主開拓こそ、コンサルタント業飛躍の要。3千万円はおろか、5千万円、1億円プレーヤーも決して夢ではない。

第2章

先生業の構図と営業の仕組み

同じ業種でも商売のやり方は全然違う

営業を営業単体で考える愚

さてこれから、コンサルタントの営業方法についてご説明していきますが、その前に、「なぜコンサルタントが、自らクライアント開拓をする必要性があるのか」という点について、その根本的な理由をご説明します。大前提が理解できていないと、効果的な営業を行うことができないからです。

本書の冒頭で、コンサルタントと、他の似て非なる仕事は、「似ていてもサメとイルカほど違い、生きていく方法も違う」ということをお伝えしました。

なぜ、このような例を引き合いに出したかと言うと、「先生業の区分と営業方法とは、密接に紐づいている」からに他なりません。逆に言えば**「営業手法によって、先生業の区分が決定される」**ということです。

ご相談にお越しになられた方に、このことをお伝えすると、まず「えっ?」という反応が返ってきます。「営業のやり方によって仕事が決められてしまうなんて、聞いたことがない」という表情です。

一般に、「営業は営業」、「企画は企画」といった感じで、分野ごとに専門的に分けて考えるのが当然と思われがちです。

企業の部門構成を見ても、「経営企画部」とか、「営業部」、「購買部」、「製造部」など、機能別に分けられていて、営業や販売は独立した部門になっていることが大半です。こうしたこともあってか、世の中では、営業や販売に関して、独立的に考えるのを特に不思議ではないように思われています。

ではなぜ、多くの企業で、機能別の部門構成をとっているのかということです。これは、組織が大きくなり、そこの携わる人が多くなったため、「結果的にそうしたほうが、不具合が少ないから分けている」という理由があります。

しかし、機能別に分けたときの最大の弱点は、「全体最適ではなく、部門ごとに個別の最適化を考えてしまう」という問題があります。わかりやすく言えば、営業は営業部門のことだけを優先して考え、会社全体ではなく、自分たちにとって都合のいいように考えて行動しがちという問題です。

「そんなことはない…」と思われる方もいるかもしれませんが、実際、営業部門がある会社で、「売上ノルマを達成したら、その担当者にはボーナスを2倍出す」と煽ったら、短期的には間違いなく売上げは伸びます。ボーナス欲しさに必死に売るからです。

ただし、長期的に見てこの企業が伸びるかどうかは、きわめて疑問です。売って報酬を得られた担当者は大喜びですが、もし値引きで大量に売ったとすれば当然、粗利も少なく、会社にそれほど貢献もありません。

電話応対や出荷の仕事をしていた担当者もいるでしょう。彼らからすれば、自分たちはいつもより仕事が多かったけれど、ボーナスに反映されていない…と不満に思うかもしれません。そもそも、無理に売り込んでいる可能性がきわめて高く、後から取引先やお客様からクレームが来ることも考えられます。

これはメーカーが、小売店や代理店に対して、キャンペーンと称して販売報奨金を積み上げて売り上げを伸ばそうとする場合も同様です。

本当に売れていてその感謝として報奨金をバックするのならともかく、営業や販売部門を単独で考えている場合、残念ながらロクなことはありません。会社を長期的に反映させる視点がないからです。

押し込んで売った場合、たとえば長期保存による鮮度の問題や、品質の劣化などの心配も出てきます。通常より多く倉庫に積み上げられた場合、本来の消費タイミングより遅れるからです。品質が自慢だった商品であれば、これは致命的になります。

その昔、アサヒビールが「スーパードライ」を出す前、事業の立て直しを図ろうと、当時の樋口廣太郎社長がまず行ったのが、営業が無理に押し込んで在庫の山になっていたビールの引き取りです。「古いビールはまずい」ため安くしなければ売れず、さらに在庫が積み上がって悪循環を繰り返していたからです。

ブティックやサービス業でも同じです。キャンペーンを仕掛けて、多くの人が一度に来店すれば、粗雑な接客になってしまいます。丁寧な接客だから他の人にも紹介していたお得意さんは、そっぽを向きはじめます。

要するに、「無理して売った」場合、さまざまなところに必ず問題が出てくるということです。営業を営業だけで考えているところに、大きな問題があるわけです。全社的に考えれば、もっと長期的に取引先・顧客を増やしていく方法を考えて行動していく必要性があることは、言うまでもないでしょう。

たとえば、製造と営業と物流、企画、お客様相談室などが、ひとつのチームになって、お客様を増やしていく活動をはじめたとしたら、一時的な売上げを追うことは、まず考えられません。営業担当の人が、「こうしたほうが、売上げが上がる」と主張したとしても、物流やお客様相談室の担当者が、待ったをかけるからです。

一方で、製造や物流の担当者が「こういう商品だと原価が下げられるしつくりやすい」と主張したとしても、営業や相談室の担当者から見て、「お客様がほしがる物ではない」ということであれば、当然待ったがかかります。

事業経営は、お客様の心をつかみながら、提供する商品・サービスによって対価を得る行動ですから、単純に1＋1＝2になるような話などどこにもありません。全体として最適に近い状態になっていくよう包括的に思慮をめぐらせ、さまざまなトライアンドエラーを繰り返しながら、活動していくのが経営なのです。

ビジネスモデルこそ、営業手法を分ける根幹

ビジネスは全体最適で考えなければならない…。このことを前提に考えるとき、「会社全体をひとつの単位とし、考えて行動する」ことができれば、理想に近い状態になることが、誰にもわかると思います。

もちろん、多くの人が携わる企業で、「全社員がひとつの単位として動いたり考えたりする」ということは、あり得ない話です。現実問題、規模が大きくなればなるほど、「チェックするだけ」とか「計画を立てるだけ」、「電話応対だけ」、「購買だけを管轄」など、どんどん理想から遠のいていきます。

しかし、ユニット側や分社化、ドメイン制などは、少しでも理想に近づこうとする試みの現われと言えるものです。理想とはまだまだズレているけれど、少しでも近づくためにはどういった制度にすればいいか。それだけ、企業にとって全体最適で動くことが重要であり、その実現が難しいということです。

さて、ここで考えてほしいことがあります。「ほとんどの先生業のビジネスは、一人でやっている」という事実です。社員をたくさん抱えている企業の場合、ひとつの単位で動くことが難しく、そのことがネックになりますが、一人ビジネスであれば、そもそも一人なのでひとつの単位で考えて動きやすい、ということです。

つまり、規模的な弱点はもちろん抱えているとしても、ビジネスの構造的な面で言えば、非常に有利な面を持ち合わせているとも言えるのです。これは、とても重要なことです。ビジネスの優位性とは、規模の大小ではなく、「事業＝ビジネスモデル」だということを、正しく理解しているかどうかだからです。

ちなみに、ここで申し上げている「事業」とは、表面的な業種や業態ではなく、本質的にどう収益をあげるカタチなのか、ということです。見た目と実質では、大きく違うことがあるわけです。

たとえば、業種区分では同じ新聞社や雑誌社でも、収益モデルはさまざまです。広告収入によって成り立っている媒体もあれば、会員制による年間収益で成り立っている媒体もあります。書店や駅・コンビニでの販売がメインの媒体もあります。

野菜農家でも、地元の組合に卸しているところもあれば、企業との専属契約で作物をつくっているところもあります。自前のウェブサイトで会員を募り、毎月定期便で販売しているところもあります。

自動車メーカーでも、トヨタと高級スポーツカーのフェラーリ社とでは、収益の上げ方はまるで違います。

ちなみにフェラーリ社の年間の販売台数はわずかに7千台ほどです。これは、1千万台売るトヨタと比べて1％のさらに10分の1以下という、数だけみればフェラーリの年間販売台数を、トヨタは一日もかけずに売ってしまうほどの差があります。

では、収益も規模に比例しているかと言えば、かなり違ってきます。トヨタは30万人の社員で2兆7千億円の営業利益を、フェラーリは3千人の社員で3千億円の営業利益をあげています。100分の1の社員数で9分の1の利益、ざっと10倍以上の効率で事業を行っているということです。

世界一の自動車メーカーであるトヨタより、収益力が優っているということ、これは注目すべき重要なポイントです。

表向き同じ業種に見えても、収益の上げ方、つまり「ビジネスモデル」がまるで違うということを意味しています（ちなみに、他の日本の自動車メーカーで、トヨタより収益効率が優っている企業は２０１５年現在、一社もありません）。

大切なことは、業種や業態の違いよりも収益の上げ方、つまり「ビジネスモデルはどうなっているのか」ということです。この着眼なくして、「同じ業種だから似たような事業」と思っていると、事業を成長させるポイントを見逃してしまいます。

簡単な話、書店や駅、コンビニ店頭で販売がメインの雑誌の場合、毎号の売れ行きが売上げに直結します。話題のテーマや読者が興味を引く企画、時事性のあるニュース記事など、「すぐに手に取って買ってもらえる紙面づくり」が重要となります。

また、販売方法としても、そうした話題性を使った、書店や駅スタンド店頭での広告や電車の吊り広告など、販売しているその場所、または購買ルート沿いの場所が、もっぱらの営業の重点ポイントになります。

このため、雑誌の表紙も営業上重要であり、気になる見出しが所狭しと踊っています。

店頭で、「どれを買おうかな〜」と悩む人に、ライバル雑誌に競り勝ち、手に取って買ってもらうために、表紙も営業スペースとして活用しているからです。

一方、年間購買制で発行している雑誌は、年会費で収益を確保するため、駅やコンビニで必死になって販売する必要性がありません。契約者のところに送るので、毎号ごとの企画で部数が乱高下することもありません。店頭での競り合いが勝負ポイントではないため、表紙は「大人しく落ち着いたデザイン」になる傾向があります。

その代わり、契約件数を確保できなければビジネスとして破綻してしまいます。ですから、年間購読者数の獲得こそ、重要なテーマとなります。

このとき、「年間購読しませんか?」と契約者を募るとしたら、じっくり雑誌の発行主旨や方針、企画テーマ、過去の例や今後の方向性など、雑誌の魅力をアピールして購読を促すことが重要なポイントとなります。契約者側も、年間を通じた視点で購読するかどうかを判断するからです。

このため、年間購読を募る営業活動としては、店頭ではなく、「ウェブサイト」や「ダイレクトメール」などが有効となります。情報量を多く扱えるからです。また対象者も、年間一括の購読代が支払えることを考えると、比較的余裕のある富裕層や企業などとなり、これは読者対象にも直接的に影響してくることになります。

収益モデルが違うと、まったく参考にならない

さらに、雑誌の中でも「広告収入をメインにしている媒体もあります。この場合、ビジネス的に重要なことは、「広告主の確保」となります。言うまでもなく、広告を出してくれる企業がいなければ売上げが立たず、やっていけないからです。

このため、営業上重要なことは、媒体の発行部数や影響度、専門性、読者特性、広告の反響度など、「広告を出して効果がありそうかどうか」ということを高めていくこと、そしてこれらの情報を使って、広告主を当たって契約を獲得することになります。

部数が減るということは、そのまま広告媒体としての戦力ダウンを意味します。このため、無理にでも発行部数を維持しようとして、新聞などで、「3か月だけでいいから協力してよ…」と、取引先がらみで勧誘したり、酷い場合は発行部数が水増しされているといった黒い噂が絶えないのもこうした理由からです。

紙面づくりにおいても、ときには読者からの反応や要望よりも、「広告主を怒らせない内容」であることが優先される場合があります。スポンサーこそが、雑誌の屋台骨を支える売上げの源泉だからです。

この他、スポンサーの付録等をつけて売る変形型の広告モデルや、会員制と複合させた

モデルなど、同じ雑誌分野でも収益を上げる方法は実にさまざまです。しかし、大事なことは、収益を上げる方法、つまりビジネスモデルによって、その運営方法も営業方法もまるで違うということなのです。

くどくどと説明してきましたが、要するに、**同じ分野と思われているビジネスでも、収益モデルが違えば全然参考にならない**、ということです。

むしろ、年間購読の雑誌の場合、同じ雑誌といって、店頭売りをメインにしている雑誌を参考にしても、ビジネス的には得策ではないということです。

むしろ、年間購読を募る収益モデルであるということは、「会員制ビジネス」と考えたほうが、その事業特性を捉えやすくなります。たとえば「会員制スポーツクラブ」や「ケーブルテレビ」、「各種優待システム」といったビジネスに非常に近く、参考になる施策も多いということです。

先の自動車のフェラーリの場合も、当然、顧客層が違い、営業手法も変わってきます。テレビCMで案内するよりも、富裕層が好む高級雑誌やパーティー、人的なつながりからの案内などの方が重要となります。

自動車カテゴリーでも、ビジネスモデルとしては、「超高級ホテル」「自家用ジェット機」

「高級ジュエリー」「豪華別荘」「高級ヨット」など、「富裕層ビジネス」だからです。一般にフェラーリの広告や案内をほとんど目にしないのは、このためです。

大事なことは、事業とは、あくまでも、収益の上げ方（営業）によって顧客対象も商品の内容も、すべてセットで変わってくるということです。

では、これまで当たり前と思われてきた、先生業の営業について、紐解いていきましょう。

【ワンポイント】自分の行っていることを、「仕事」「業種」と捉えるか、「ビジネスモデル」「収益の上げ方」で捉えるかで、営業方法も、成功確率も大きく変化する。

間違いだらけのコンサルタントの営業法

先生業のゾーンによって営業手法も違う

ビジネスモデルによって、顧客対象も商品・サービスも、営業のやり方も大きく変わってきますが、これには大きな理由があります。商売の原則は、自社のお客様を増やしていく活動に尽きるわけで、「顧客起点でビジネスを考える」とき、

「どういった顧客を対象とするか」
「その顧客に好まれる、どんな商品・サービスを提供するのか」
「その商品・サービスをどう買ってもらうか」

という一連の流れを、しっかりと考えて展開していくことが重要となります。もし、この流れに断絶があれば、うまくいくものも難しくなるからです。

誰が考えても当然のことなのですが、重要なポイントは、「この流れを断絶するようなことをすればマイナスになる」ということを、事業展開している人がしっかりと理解しているかということです。

さて、賢明な読者のみなさんなら、もうお気づきのことと思いますが、業種的には同じようなビジネスとして考えられがちな先生業ですが、実はビジネスモデル的には大きな違いが存在しています。今ご説明してきたとおり、その違いとは、すなわち営業方法の違いにも直結することです。

具体的には、「先生業のビジネスにおいて、どのような違いがあるのか…」。この構造的な違いを知っていなければ、営業においても効果的な方法を取ることができないどころか、場合によっては「やればやるほどマイナス」のことを、一所懸命にやっているかもしれない、ということです。

前述の先生業の構図の中でも、とくに注目していただきたいのは、上段のＢとＤゾーン、つまりビジネス系のところです。

Ｂゾーン・「大人数を相手に専門的なことを教える先生業」
Ｄゾーン・「マンツーマンなど、少人数で専門的なことを教える先生業」

といった違いがあるゾーンで、Ｂの代表例としては、「簿記経理」「新入社員研修」「ビジネスマナー」「在庫管理」「秘書講座」「営業研修」「接客訓練」「ホウレンソウ」「５Ｓ訓練」

「掃除活動」「部長の仕事」「コミュニケーション」といったものが挙げられます。

一方のDゾーンの代表例は、「個別相談」「個別対応」「コンサルティング」といったものが挙げられます。細かくはゾーンの中間に近いような先生業もあると思いますが、ざっくりとゾーンによる違いを申し上げれば、Bゾーンは「社員向け」、Dゾーンは「経営者向け」という違いがあります。

要するに、会社にお金を払ってもらって学んでいるのか、決裁権を持っている人が自分で判断して指導を受けているのか、といった違いです。

営業方法が根本的に変わってくる理由

ここで、考えていただきたいのは、営業面で考えた場合の違いです。先に顧客対象・商品・営業方法はセットで考えなければ…とお伝えしました。BゾーンとDゾーンでは、顧客対象が違うのですから、当然商品特性や営業方法にも違いがあるはずです。この違いを考えましょう、ということです。

たとえば、Bゾーンの主たる対象は、「社員向け」であることから、その商品構成や特性は、新人～部課長といった階層別であったり、知っておいてもらいたいビジネスの基礎的なことや技能的なこと、さらには、資格的なことや職能的な専門知識といったことがテーマとなっています。

これは、社員をセミナーに派遣したり、会社に講師を招いて研修を行うとき、「こういう内容のことを、社員に学んでほしい」という、経営者や教育担当の長、事業部長などの考えがそこに大きく反映している結果とも言えます。実際に社員を派遣したり、社内研修の実施を決定するのは、決裁権を持っている彼らだからです。

経営者からすれば、自社の社員の能力を上げていくためにも、各種のセミナーや研修の活用を考えます。部長や教育担当の長でもこれは同じです。

「どうやって社員の能力を高めていくか…」といったことを考えるとき、基本に近い部分であればあるほど、「報告・連絡・相談」とか「ビジネスマナー」といった、ベーシックで決まった内容となります。「学校教育のカリキュラム」には、定番の内容が入るのが常で、まったく新しい内容が次々に採用されるということがないのと同じです。

経営陣が、社員に対して、「基本からしっかり学んで能力を上げていってもらいたい…」と考えるからこそ、会社がお金を出して教育を実施しているわけで、もしその研修内容が見たことも聞いたこともないような判断に悩むようなものであれば、安心して社員教育を任せることなどできなくなります。

つまり、社員教育に求められているセミナーや研修のテーマとは、経営者から見て、「社員の能力アップに必要と考えている内容」、「安心して頼める内容」であることが基本的な条件ということです。このことは、テーマは基本的に「定番・規格化されたモノ」になるということを意味しています。

世間一般で「これは必要だ」と認知されているモノだからこそ、「ウチも社員に学ばせよう」と思うのであって、効果も不確かな、認知もされていないモノを社員に学ばせるのは、経営者からすれば、お金の問題以前に、基本的にリスクと考えます。

実際、ネットなどで、大手研修会社や商工会議所などで行われている、各種セミナーの開催テーマを見てみると、定番の内容がズラッと並んでいることがわかります。

また、規格化されているからこそ、年間開催スケジュールとして、半年も一年も先の予定が組まれているということがあります。定番・規格化された内容だからこそそのメリットであると同時に、そうした内容でなければ、社員モノとしては扱われないという証拠です。

一方、Dゾーンの主たる対象は、経営者や事業部長、エグゼクティブ層や自営業といった、お金を払える決裁権者です。彼らが高いお金を払ってまで指導を受けたいと考えるものとは、きわめて高度な専門的な知識であったり、効果は期待できるが世の中ではまだ非常に珍しい手法であったり、利益が大きく出せそうな最新のノウハウだったりと、Bゾーンの「定番・規格」とは対照的なものとなります。

これは、決裁権者だからこその、「仮にダメであっても、チャレンジしてみる」といったリスクに責任が取れる立場であるため依頼ができるという理由があります。社員向けの教育研修は、「年間予算を立てて実施をしていくべき費用」ですが、Dゾーンのコンサルティングは、本質的には「投資案件」の発想によって行われるからです。

これらの違いをまとめてみると、次ページ図のようになり、BとDのゾーンでは、見た目以上に性質が違うことが、おわかりいただけると思います。とくに注目すべきは、営業方法がちがってくるという点です。対象者と商品の内容、特性が違うのですから、営業方法に違いが出てくるのは、本来当然のことです。

決定的な違いとして挙げられるのは、Bゾーンの先生業の場合、「社員向けの規格化されたテーマ」を、部長や担当長などに判断してもらうため、「間接営業」が効果を上げやすくなるという点です。

教育費用として予算が組まれていて、担当長などが職務権限で決めることが多い社員ものの場合、信頼のおけるセミナー会社や出入りしている組合、商工会などが開催している

「先生業」別の営業の違い

	B	D
費　用	お金は他人が払う	お金は自分が払う
対象者	主に社員向け	社長など決裁権者向け
内　容	定番・規格化の内容	独自・斬新・超専門…
目　的	教　育	投　資
営業方法	間接営業	直接営業

研修やセミナーを利用することが多くなります。

それは、予定が組めるというメリットがあるからです。社員を行かせるのに安心ですし、ある意味、毎年繰り返されるルーチンの行事でもあるので、年間日程を組んで決められるほうが、担当長としても都合がいいからです。

このため、Bゾーンの先生の営業策としては、セミナー会社の企画担当者や、商工会議所などの経営指導員、またそうしたセミナー会社や商工会などにセミナー登壇を斡旋してくれるエージェントなどに、「私をセミナー講師として使ってください」という売り込み活動を行なうことが、有効となります。

大手のセミナー会社で、定番の講師として登壇ができるようになれば、仕事が安定的に入るようになりますし、その登壇情報を得た別のセミナー企画担当者や商工会などで、「あの先生は大丈夫だろう」と横展開がはじまったりします。この、登壇機会を得ることこそ、Bゾーンの先生の営業活動の中心なのです。

なぜ、Dゾーンの先生業は直接営業が必要なのか？

では、Dゾーンの先生の場合はどうでしょうか？

経営者や決裁権を持っている人に対して、直接指導する仕事ですから、間に誰かを挟むより直接営業のスタイルのほうが、利点が多くなってきます。

ここで、読者の中には、「Dゾーンの先生の場合でも、セミナー担当者やエージェントに営業して、売ってもらってもいいのでは？」と、疑問に思われる方もいると思います。代わりに売ってもらえるなら、その方が楽だし得策ではないかと。

結論から言えば、「売ってもらえるなら、売上比率で5割以下までならアリ」とお答えします。ただし、現実的にはDゾーンの先生業の場合、とがった経営者向けのテーマだからこそ有効なのですが、その分、セミナー会社やエージェントからすれば、「非常に扱いにくい」というケースが多いのです。たとえて言うなら、プロ用の特殊な専門ツールを、一般のスーパーで売ろうとするようなもの、という感じです。

独自性やユニークさ、儲かる仕組みをつくれる専門性といったDゾーンならではの特徴は、そもそも経営者向けに設定されているがゆえに有効なのであり、これを対象者が違うところで売ろうとすると、「何これ?」的な感じになってしまうわけです。

実際、社員研修をメインで行っている大手銀行系のセミナー会社では、経営者にたいへん人気のあるコンサルタントのテーマでも、「面白くないね、ウチには合わない」と、にべもなく却下ということも珍しくありません。彼らのセミナーに参加する人たちに合わないことを知っているからです。

もう一点、セミナー会社やエージェントに、Dゾーンのテーマで売ってもらうことが難しい理由に、「経営者向けのセミナーを、企画開催している会社や団体が非常に少ない」という問題があります。

私の前職時代の会社、日本経営合理化協会というところは、中小企業のオーナー社長を対象とした各種セミナーを多数開催している団体ですが、こうした会社は日本中探しても、きわめて数が限られているのが現実です。

また、社員向けとして開催しているセミナー会社でも、テーマや内容を見てみると、部長や役員向けといった「準経営層」を対象としたものが多く見られ、本当の意味での経営トップに向けた企画内容というのは、実に少ない状況なのです。

これは、セミナー会社自体が、ビジネス的に「数を取れる社員をターゲットにしている」という理由と、現実問題、経営者向けの企画をするには、企画担当者にも知識やノウハウがなければできないから…という理由があります。

無理にBゾーンで売らされる悲劇

こうした、ゾーンによる違いを踏まえずに、「セミナー登壇すれば仕事になるはず」と安易に考えてBゾーンの人の真似をしたり、同じように担当者に挨拶営業したりすると、「無理矢理、Bゾーンに合わさせられる」ということが起きたりします。

本来、独自のノウハウを経営者向けに「投資案件」として考えてもらうためには、直接営業するのが最も自然なのですが、「似て非なる仕事の真似」をしてしまった場合、実に悲しい結果に見舞われることがあるので注意が必要です。

先にBゾーンの特徴は、「定番・規格化」だと申し上げました。

社員向けだけに、斬新すぎたり、尖った特徴や変なユニークさがあっては困るからです。

聞こえは悪いかもしれませんが、誰が聞いても問題なく、安心できる普通の内容が求められているのです。

一方で、営業的には「似たような先生が大勢いる中で、どうやって自分に仕事を発注してもらうかは、きわめて重要な実務となります。このとき、差別化として有効な手法なのが、「目立つ」ことなのです。教える内容は規格化されているので、それ以外の、外見やパーソナル性において目立つことが重視されるわけです。

テレビや雑誌で見るタレントの多くが、見た目が派手で奇抜な服装や髪形の人が多いのは、見た目による差別化を図るためです。

とくに、歌唱力がまだなかったり、しゃべりがそれほど面白くなかったりと、中身で勝負できる部分が少ないうちは、外見で差別化を図ろうとする傾向が顕著です。これは大御所になればなるほど、外見が意外と普通になってくることを見れば一目瞭然です。

タレントと同様と言えば語弊があるかもしれませんが、Bゾーンの講師業の場合も構造的には非常に似ているわけです。

街中ではまず、誰も着ないような奇抜な服や帽子、派手なメガネ、変わったしゃべり方や印象的なヒゲなど、自己のパーソナル性を目立つ武器として使うのは、その他大勢の中から見つけ出してもらうための有効な戦術です。

Ｂゾーンの先生を目指している人が、そうしたパフォーマンスを行っているなら、これは何も問題はありません。むしろ、的確な手法と言えるでしょう。しかし、これがＤゾーンの先生、つまりコンサルタントを目指しているとしたら話は別です。

話すテーマや教える中身にも横槍が入ったりします。「そんな誰も言わないようなテーマはダメ。もっと対象者の多い、ビジネスマン向けや一般的なテーマじゃないと…」と、無理矢理Ｂゾーンの社員向けのテーマに変えられることがあります。

冒頭でご紹介した、「売れずに困っていたコンサルタント」の話どおりです。やるべき営業方法の根本が間違っていると、状況はますます悪化することになります。

売れるようになるためには、メディアに出たり本を出して…とハッパをかけられますが、パーソナル性を強調した露出が有効なのは、あくまでもＢゾーンの場合です。内容が規格化されているので、あとは「面白い」とか「目立っている」、「知っている人」…といったことが、選択の要因になるからです。

しかし、冷静に考えてみてほしいのですが、自分が50人の社員を抱える中小企業の経営者だったとして、チャラチャラとしたお笑い芸人のような人に、事業の重要な戦略のコンサルティングを本当にお願いするでしょうか。

社内の重要な情報も見られるわけですし、当然、社員とも接触します。そもそも、そんな格好の人が会社を出入りするところを、大切な顧客や取引先にみられるとしたら、いったいどう思われるか…ということです。

このあたりが、どうも勘違いしている人が多いところです。

Bゾーンのやり方を真似した営業のやり方をして、「有名になったら仕事が来る」と、きわめて安易に考えてしまう方々の共通点です。「有名になれば仕事が来る」というのは、余りにも短絡的な考えと言わざるを得ません。

もし、有名であれば仕事が来る、有名になれば売れる…ということが正しいとしたら、まずはアイドルを目指すべき…ということになるでしょう、それから仕事をすれば100%成功間違いなし！ということになります。

アイドルやスポーツ選手が、飲食店などを出して、一時的に話題になって人を集めても、そのあと人知れず消えていくのが大半なのは、「有名」であることと、「売れる」ということとに何ら関係性がない、という動かぬ証拠です。「消費者を馬鹿にするな、消費者はそんなに馬鹿じゃない！」と申し上げておきます。

周囲の似て非なる仕事の人が言っている「仕事」とは、本当のところどんな仕事なのか。仕事と言えば、お金になるのなら何でも仕事と言えるかもしれませんが、前述のFさんに最初にお伝えしたとおり、「コンサルタントの仕事とは、コンサルティングをすること」、このことを、忘れてはならないのです。

この根本がしっかり理解できていないと、先にご説明したような、年間購読の本を店頭で必死に売ろうとしたり、富裕層向けの商品を、価格を下げた新商品で一般向けに売るといった、みすみすビジネスを困難にしていくことになりかねないわけです。

Ｂゾーンの先生業の人にとっては、セミナーや研修、講演、執筆の仕事が本業です。ですから、「仕事が来る」という言葉の意味を正確にとらえるためには、**何を本業にしている人なのか、またビジネスモデルはどうなっているのか**を理解しなければ、危険な真似事になってしまいます。

本当のコンサルティング業、つまりＤゾーンの仕事をしているのか、本当にたしかめなければならないのは、そのポイントなのです。

仕事柄、これまで多くのコンサルタントの方々と関わってきましたが、経営コンサルティング、専門のコンサルティングとは、すなわちクライアント企業に対して、実務でお手伝いするわけですから、「活躍している人ほど、きわめてまっとうなビジネスマン」であると断言できます。経営者相手に、ビジネスのお手伝いをするのですから、これほど当たり前のことはないでしょう。

社員相手に、面白おかしく笑わせながら教える、話を聞いて感動させる、すごいパフォーマンスを見せてやる気にさせる…といったことは、Bゾーン出は非常に有効なことに間違いありません。

しかし、Dゾーンでは有効ではないのです。むしろ、逆効果になることが実際にある、ということなのです。

いずれにしろ、経営者向けのしっかりしたセミナーを開催しているところが、きわめて少ないだけに、Dゾーンの先生業の方は、売り方としても相性のよい、「直接営業」の方法を身につけるほうが現実的ということを、しっかり押さえておいてください。

【ワンポイント】現実に先生業別のビジネスモデルを熟知している人は、ごくわずかしかいない。他の人、他のビジネスを参考にするとき、その本質やビジネスモデルを見抜いていなければ、表面的なマネにより、自らの商売をみすみす破壊しかねない。

第3章

コンサルタントが持つべき、三つの営業ツール

コンサルタントが自己開拓力を高めていく原理原則

さて、コンサルタントが、クライアントを自己開拓していく力を強くしていくために、まず押さえておいていただきたいことがあります。それは、「営業力の根源とは何か？」という大前提です。

営業力の根源とは何か

よく、「営業力を高めましょう」とか「売る力をアップさせて…」といった言葉を耳にすると思います。巷には「営業力アップセミナー」といったものも数多く開催されていますし、「営業力の強化」についての書籍などもたくさん売られています。

ここで言う「営業力」とは、単純に、「売上げを上げていく力」、「契約を獲得していく力」、「顧客を獲得していく力」とお考えいただきたいのですが、いずれにしろ、営業力を高めていくには、その原理原則をよくわかっていなければ、ちぐはぐなことをしたり、小手先の対処になったりします。

そうなると、一時的に成果が出たとしても、半年もしないうちに効果が薄れ、また違う方法を探して…と、まるで「イナゴが畑を食い荒らしては次を探す」というようなことになりかねません。

大切なことは、石垣を組んでいくがごとく、一つひとつ確実によくなるように活動を積み増して進めていくことです。今より半年後、一年後、さらには三年後、五年後が、確実によくなっていくためには、何と言っても原理原則を押さえていることが重要なのです。

さて、回りくどくご説明しても仕方ありませんので、結論から申し上げれば、

商品力 × 販売力 × 人間力 ＝ 営業力

という単純な公式が浮かんできます。もちろん、さまざまな考えやご意見があると思います。とくに「人間力」については、賛否の分かれるところがあるかもしれません。しかし、本書は「コンサルタントのための」という、前提があってのご説明です。

通信販売など、お客様と相対することなく完結するビジネスとは違い、自分自身が限りなく商品であり、直接クライアント企業に赴くことが多い仕事だけに、「人間力」は、切っても切れない重要性があります。

ただし、人間力を論じることは、実務手法とは大きく乖離するため、本書ではページを割いてご説明することは致しません。常識的にまっとうな仕事をする…ということが前提とお考えください。こうした基本を鑑みれば、シンプルすぎるというご意見はあるかもし

れませんが、営業力とは、この三つの要素に集約されることがわかります。

さて、何をお伝えしたいのかと言えば、

「営業力を、単純に単体で考えてはならない」


ということです。

商品が悪ければ売れませんし、販売力がなければどれだけよい製品でも売れない…。自分が商品であり、その主体であるコンサルタントの場合は、もし人間的に近づきたくない雰囲気であれば、やはり仕事に悪い影響が出てくるのは当然のことでしょう。

さらに、ここで覚えておいてほしいことは、この営業力の公式は、掛け算で成立しているということです。

商品力や人間力がどれだけあっても、また販売力と人間力がどれだけ優れていても、残りのひとつが「ゼロ」であれば、営業力は一向に改善されないということです。とくに、人間力については、プラスの多い少ないだけではなく、「いかがわしい」とか「誠実でない」、「うさんくさい」、「態度不遜」といったマイナス点すらあります。

たとえば、外見で大損しているコンサルタントも大勢います。「似て非なる仕事」の真似をしたり、またはよからぬアドバイスを真に受けて、自らマイナスをつくり出していたりします。よせばいいのに、ドサ回りの売れない芸人のような異様な格好をしたり、やたら態度不遜な特徴ある話し方をしたり…。

目指す方向が講演やマスコミで扱われるという、ステージでスポットライトを浴びたいのなら、これらの方法は特徴のある差別化ですから、ひとつの優れた方法でしょう。

しかし、まっとうな実務コンサルティングで勝負するのであれば、これは本末転倒です。売れないように売れないように活動していることになります。実にもったいないことをしている、ということを知らなければなりません。

営業の現場に丸腰で行くな！

さて、人間力についてはさておき、三つの要素の中で、最も営業力的に影響を及ぼすのは、何といっても「販売力」です。

なぜなら、もっとも直接的であると同時に、多くのコンサルタントの方々が、ほとんど何も手をつけていないに等しい…という、恐るべき現実的な問題があるからです。ですから、本章では、まず販売力、なかでも最も重要な「契約獲得のための道具」についてご説明をしていきます。

仕事柄、コンサルタント企業を考えられている方や、多くのコンサルタントの方々がご相談にお越しになりますが、なかでも多いのが、「セミナーを開いても、コンサルティング契約が取れない」というものです。

いわく、「自分でセミナーを開催して契約が取れるようになれたら、さぞすばらしいことだと思うけれど、参加者を集めるのも難しいし、バックエンドとなる契約を獲得することは、もっと難しくて困っている」と。

こうしたとき、実際にどのようなことをされているのか、細かくうかがったりしていますが、常々思うことは、「そりゃあ、とても契約は取れないでしょう！」と、思わず言いたくなるほど「営業に無頓着」な人が、余りに多いのです。

そもそも、契約がほしいと言っておきながら、なぜ営業の現場に「丸腰」で行くのか、これは、不思議議中の不思議議と言わざるを得ません。

「そんなことはない！」との反論も聞こえてきそうですが、現実問題、私から言わせれば、圧倒的大多数が、丸腰で勝負を挑んでいるのが実態です。

丸腰とはどういうことかと言えば、セミナー開催をするときに、自分のコンサルティングを説明するパンフレットもなければ、実績を示す資料も持たず、用意しているのはお決まりの「セミナーテキスト」と「アンケート用紙」だけ、というような状態です。弊社ではこの状態を丸腰と呼んでいます。セミナーの自主開催において、営業的に必要なものが用意されていないからです。

世の多くのコンサルタント志望の方のために、まず申し上げておかなければならないことがあります。それは、

「コンサルタントにとって、セミナーとは商談活動である」

ということです。このことが腹の底からわかっていない限り、すべての準備も活動も、オママゴトになってしまいます。

喉から手が出るほどほしいと言っている「契約」なのに、自分のコンサルティングを説明するパンフレットや、契約のための申込書がないということは、これを丸腰と言わずに何というのか、ということです。

実際、これまでご相談にお越しになられた方々で、コンサルティングの申込書をセミナーの際に用意されていたという方は、ほとんど皆無に近く、逆に、驚くべき確率で「アンケート」だけは用意されています。

誤解を恐れずに申し上げれば、「アンケート用紙」など、なくても「商談」には全然、

支障はありません。しかし、「コンサルティングのパンフレットや申込書」は、絶対に「なくてはならない道具」であり、これを用意せずに自主開催セミナーを開くなど、営業の本質がわかっていないということです。

アンケートを用意するヒマがあるなら…

アンケートとは、簡単に言えば「顧客満足度調査」です。主催する企業が調査主であり、調査結果を元に改善を行うのですが、一般的なセミナーで言えば、主にBゾーンの先生方などを採点するために使います。登壇した講師や評価や改善点を見つけて次回に活かしたり、場合によっては講師のチェンジを行うための道具ということです。

実際、圧倒的大多数のアンケート、つまりアンケートのひな形を見れば、満足度を十段階などで採点してもらう形式になっていることがわかります。そして、この十段階評価で良い評価を得ていれば、「よいセミナー」であり、あまりよくない評価であれば、「よくないセミナー」といった判断がされるわけです。

Bゾーンの先生にとってみれば、これはまさに成績表のようなものです。アンケート結果が悪ければ、次はお声がかからないかもしれません。ですから、アンケートを意識した登壇を心がけますし、その結果に神経質になる人が多いのも、次回のお声がけに直結するだけに、ある意味当然のことと言えるでしょう。

また参加者側からしても、「セミナーに行けば、良くアンケート用紙が配られてくる」と、無意識に思い込んでいるところもあると思います。さまざまなセミナーが開催されていて、セミナーの特性もあるかもしれませんが、概ね7割から8割くらいの確率でアンケート用紙が配布されるのではないでしょうか。それだけ、セミナーとアンケートはセットのように密接だということです。

しかし、冷静に考えれば、コンサルタントがセミナーを自主開催するとき、「本当にアンケートがどれほど大事でしょうか？」ということです。言葉は悪いですが、感想をたずねるアンケートを用意するヒマがあるなら、商談のための道具、コンサルティングの案内や申込書を、なぜ用意しないのか？ということです。

難しく考えるまでもなく、契約とは、申込書や契約書にサインされたときに成立するものです。ネットでも、申込みフォームからの送信で契約が成立となるわけで、「契約締結のためには申込書」が重要なことは、営業関係者ならずとも、ちょっと考えればすぐにわかることだと思います。

そもそも、営業で考えれば、営業現場に「商品カタログや契約書を持っていく」ことは、基本中の基本でしょう。自社商品や取扱製品のカタログやパンフレットを持たず、契約書もなし。持っているのはアンケート用紙だけという営業スタッフが来社してきたとしたら、「ヤル気があるのかな？」と心配になるというものです。

要するに、Bゾーンの「セミナーとはこういうもの」という、似て非なる仕事を無意識に真似をしてしまっていたために、必要なモノを用意せず、さして必要ではないモノを、さも大事なモノのように勘違いして悪戦苦闘しているということです。

Bゾーンで行うセミナーと、Dゾーンで行うセミナーとでは、その本質はまるで違うことを知らなければなりません。

Bゾーンは、教育、研修、学び、説明のための場ですが、Dゾーンでコンサルタントが行わなければならないのは、「商談の場づくり」なのです。

Fさんの場合も当初、自主開催をはじめるにあたって自分のコンサルティングの案内はおろか、申込書も何も用意していませんでした。あわてて、「Fさん、コンサルティングの案内やパンフレットはないんですか？」とたずねると、ポカンとした表情で、「えっと、アンケート用紙は用意していますが…」という返事が返ってきました。

ちなみにFさんは、営業スタッフ向けに40回以上もセミナー講師として登壇を重ねてきた実績がありました。講演テクニックもプロに習っていましたし、その他大勢の方々からもいろいろアドバイスを受けたそうです。しかし、ただの一度も、「コンサルティングの案内と申込書」についてのアドバイスはなかったといいます。

これが似て非なる仕事の恐ろしさです。「講演」、「セミナー」と聞いただけで、「それならこうするのが当たり前」と、ビジネスの本質的な違いなど一切考慮せず、形や表面的なことだけを教えようとする怖さがそこにあります。周囲の人も、そのことに何も不思議を思わず、さも当然のようにアドバイスしているのです。

しかし、Ｆさんの場合、もともとトップ営業マンだったこともあって、「至急、コンサルティングの案内と申込書を用意してください」と伝えたとたん、「あっ！」というような表情で、自分のやらかしていたミスに気づいて、急いで営業ツールを用意されました。自分が営業マンだとしたら、「営業ツールを持たずに商談に行くなんて！」という、致命的なミスをしていたことに瞬時に気づかれたのです。

元トップ営業マンだった方でも、こうした失敗をしてしまうのが現実です。それほど、似て非なる仕事のやり方が、まるで洗脳されているかのごとく、隅々にまで入ってきていると思ってください。

【ワンポイント】知らないビジネスのはずなのに、何となくこう…といった、無意識に近い感覚で進めることを疑え。すべてのことに、理屈や理由が本来隠されている。

コンサルタントの営業の三種の神器

会社概要より商品案内パンフ

さて、私が推奨している「コンサルタントの営業ツール」は三つあります。可能であれば、さらに道具を用意するに越したことはありませんが、ここで言う三つとは、いわゆる「絶対欠かすことができない三つ」と思ってください。その三つとは、

「コンサルティングの案内リーフレット」
「申込みパンフレット」
「コンサルティングブック」

となります。順にご説明していきましょう。

まず、最初の「コンサルティングの案内リーフレット」ですが、これは簡単に言えば、「私は、あなたの会社に対して、こういったコンサルティングを実施いたします」という、いわゆる自社が提供する商品・サービスの案内です。

一般的には、「商品案内パンフレット」と言って差し支えないものですが、二つ目の

「申し込み用のパンフレット」と区別がつきづらいので、ここではあえて「リーフレット」と表現することにします。

カタチの上で最も似ているのは「会社概要」などの、A4サイズ型で二つ折りや三つ折りになっているもので、開くと見開きや3面になるタイプのものです。

よく見る形式のものですし、自分は一人でやっているコンサルタントなので、「コンサルティングの案内を用意する」と聞いて、「会社概要があるから同じでしょう?」と思われる方もいらっしゃるかもしれません。

会社概要に関しては、「ないよりあったほうがいい」とは思いますが、重要なことは、会社概要でも商品案内でも、呼び名はともかく、その資料は**「商品・サービス案内で営業力を発揮する作りになっていますか?」**ということです。

あくまでも営業ツールとして用意するわけですから、営業的に必要な要素が盛り込まれていなければまったく意味がないからです。

ところが、いわゆる「会社概要」の場合、どうしても会社情報を提供する側面が強いため、最も重要な「コンサルティング」について、営業上必要な要素が欠けていることが非常に多いのです。

では、「コンサルティング」を案内するツールとしては、そこに必要な要素とはどんなものがあるでしょうか。このことについて、よくご質問を受けますが、概ね次のようなものが挙げられます。

「自らのコンサルティングの方針、考え」
「コンサルティングの具体的な内容」
「標準的な実施期間や回数」
「コンサルティングをお薦めする会社像」
「コンサルティングの特徴」
「コンサルティングの進め方」
「料金や支払い方法」
「コンサルタントの紹介やプロフィール、実績、会社情報」
「お客様の声、利用者の声」…

など、必要な要素は結構多くあります。当然ながら紙面に制約があるので、どこまで入れ込むかは、制作を依頼する業者さんとよく相談する必要がありますが、これらの要素の中でも、とくに重要なのが最初の三つです。この三つがあってはじめて、その他の要素に意味が出てくるからです。

よく、「困っていることはありませんか？何でも対応しますよ」的な表現で、押し出そうとしている人を見かけます。「コンサルタント＝困ったことを解決する人」という、従来型のコンサルタントのイメージが頭から離れずにいる方の典型例です。

お気持ちはわからなくもないですが、残念ながら、もう経営コンサルタントが珍しい時代ではなくなっています。

多種多様なコンサルタントが世の中に溢れている現在では、「自分の専門性」を持たずしてコンサルタント活動をするということは、武器を持たずして戦おうとしているのと同じです。ライバルから一歩抜きんでる専門性は、きわめて重要となりますが、それが如実に表れるのが、最初の三要素なのです。

実際、困ったことに対応する系の人の場合、自らのコンサルティングの方針や考えについて、通り一遍のことは言えても、自らのコンサルティングにおいて「経営者に対する強いメッセージ」を発信することが困難になります。全方位に対処すること、独自性を打ち出すこととは、基本的に相反することだからです。

また、コンサルティングの具体的な内容も非常に重要です。発注する経営者からすれば、

「結局のところ、何をやってくれるの？」というのが気になるのに、そこをハッキリさせていなければ、頼めるものも頼めないわけです。

要するに、どういった考えや方針に基づいてコンサルティングを実施してくれるのか、おおよそのコンサルティング期間は何か月くらいで、訪問頻度や回数はどれくらいなのか、進めていく実施内容はどうなのか…といったことが、はっきり表示されているかどうかということです。

何も小難しい話をしようというわけではありません。ビジネスをするにあたって「当たり前のことをしましょう」と申し上げているだけです。

もしあなたが、数十万円、場合によっては数百万円もするような高額商品を買うときに、その具体的な詳細について、まともな書面やパンフレットも見せてもらうことができず、月額の料金だけ示して、「私を信じなさい」的に押し通そうとする人が来たら、どう思いますか？ということです。

常識的に考えてもオカシイですよね？ まともな商売ですか？ と疑われて当然ですよね、という話です。そう、それくらいにコンサルタント業界は、ある意味ズレています。

最低限、基本的な実施内容や、料金、期間はどれくらい…といったことが提示されていて、はじめて「ビジネスとしてのテーブルに乗る」と言えるでしょう。

料金体系が意味すること

実は、この料金体系ひとつ見ても、似て非なる、士業ビジネスの真似をしてしまっていることがよくわかります。

税理士や社労士の先生が、「月額○○万円」といった料金設定で行っているので、自分たちもそれに準じたやり方を真似してしまっている、ということです。

ただし、いくら真似をしようにも、根本的にはビジネスモデルが全然違うため、無理が生じてきます。

士業の先生方、とくに税理士や社労士、行政書士といったビジネス系の先生の場合、毎月の経費伝票類の処理や給与計算、月次の決算や税金の計算といった、一定頻度で発生する「処理」があることが多い仕事です。

この「処理」の対価として支払われているのが、月額報酬の本質です。少なくとも、経営者からすれば、サービス対価として月額費用を支払っていると思って間違いありません。

ですから同じビジネス系の士業でも、弁護士の先生の場合、月額報酬で仕事をすることより、案件ごとの報酬で仕事をするケースが多くなります。毎月処理しなくてはならない訴訟など、大企業ならともかく、一般の企業にはまず起きないからです。

つまり、定期的に処理するものがなければ、「月額報酬」のスタイルは不自然ということです。当然ながら、**元来、経営コンサルティングというものに対しては、毎月発生する処理というものはありません。**

困っていることに対応する…という従来スタイルにしても、毎月延々と発生する仕事があるとしたら、それは「コンサルタントが入っているのに、困っていることが永遠になくなっていない」という、矛盾が起きていることになります。

たしかに、経営者がコンサルタントを手放さない…ということもありますが、実際にはコンサルタント側が「切れないために、経営課題や問題をつくり続けている」と疑われるケースも数多く見受けられます。変な話、「困らせているのはコンサルタントのほう」であり、手を変え品を変え、契約を長引かせようとする二流コンサルタントがいることは、本当に残念なことです。

実際、経営者がコンサルタントに対して最も不審に思い、毛嫌いするのが、この「いつまでも居座る」というパターンです。士業ビジネスとの、本質的な違いを理解していないために起こるトラブルと言えるでしょう。

企業のお手伝いをするのが本業である限り、一定の目処が立てば、そこでおいとまするのが、理にかなったフェアで自然なスタイルなのです。

申込みパンフレットを用意する本当の意味

さて、二つ目の営業ツールをご説明いたします。実は、簡単につくれるはずなのに、なぜか用意されていないツールの代表格が、この「コンサルティングの申込みパンフレット」なのです。

先のコンサルティングの案内リーフレットがあるから、わざわざ申込みパンフレットを別につくらなくてもいいのでは？と思われる方も多いかもしれません。

これは、リーフレットが会社概要などと同じような、少し厚手の紙を用いて作成することが多いため、切り取って書き込んで…という使い方に適さないという理由があります。申込書という意味では、やはり申込書に適したコピー用紙くらいの厚さがちょうどよいので、別途に用意する方が現実的ということです。

案内リーフレットのほうが製作時間もコストもかかるため、当初は申込みパンフレットをまず用意してスタート、というケースも珍しくありません。

どちらが急場に間に合うか…。そういう現実的な意味では、案内リーフレットよりも、申込みパンフレットのほうがさらに重要ということです。

なぜ、申込みパンフレットがそれほど重要なのか？これには大きな理由があります。

それは、

人は申込書を見れば、無意識レベルでも、「判断をしなければならない」と考える

からです。

先にもお伝えしたとおり、コンサルタントは自分のコンサルティングを利用してもらうかどうかを、参加された経営者の方々に判断してもらい、その結果、受注できるかどうかに至るかがきわめて重要となります。

もし、ここで、話を聞くだけで「意思決定」する必要性を特に感じないとしたら、セミナー受講はゆるい感じになってしまいます。当然、コンサルティングの受注確率も下がってしまいます。少しでもゆるい感じにならないようにするためにはどうするか…。そのひとつのアイテムが「申込書」なのです。

「たかが申込みパンフレット一枚で大げさな…」と思う人もいるかも知れません。しかし、一般のビジネスセミナーでは、まず見ることとがないのが「コンサルティングの申込書」ですし、そこらの数千円のグッズの申込書とはわけが違うのです。

あなたがもし、何か気になって参加した説明会があって、そこに「申込書」がおいてあったらどう思うか…ということです。

もちろん、全然気にならない…という人もいるでしょう。しかし、申込書が目に入るこ

とで、「意識が少し変わる」ということが、実際に多くの人に見られる変化なのです。

これは、想像以上に重要なことです。講演や研修自体がメインの、いわゆるBゾーンの先生の場合、多くの方々に好かれることが評価を上げることになりますし、そのことが次の登壇依頼につながることになります。

「あの先生は人気があるね」ということになれば、セミナー担当者が次回も呼ぼうとするからです。つまり、「受講者に好かれる」ということが、Bゾーンの先生の場合、営業上、とても重要ということです。

しかし、Dゾーンの先生の場合、話は変わります。言ってしまえば、「それだけ好かれていても、受注できなければ仕事にならない」のです。

誤解を恐れずに申し上げれば、

何人かに嫌われても全然構わない。〝あなたにお願いしたい〟という受注が一件でも取れるかどうか…のほうがよほど重要」

ということです。

無茶苦茶なことを言っているように聞こえますか？

冷静に考えてみてください。あなたが法人営業の担当者だとして、すべての商談で、訪問先の担当者から買ってもらえると思いますか？　また、訪問先に愛想を振りまいて帰ってくるだけで、「受注ゼロ」で仕事をしていると思えますか？

先に、「コンサルタントにとってセミナーとは商談である」とお伝えしましたが、このことが正しく理解できていれば、皆に好かれようとする「人気取りのセミナー」をすることが、いかに馬鹿げているか…ということがおわかりいただけると思います。

逆に言えば、商談だということを理解できていなければ、Dゾーンで食べていくことが厳しく、コンサルタントとしてやっていくことは、夢のまた夢ということです。

これが冷徹な現実です。Bゾーンで仕事をしている先生を見習って、セミナーのやり方をどれだけ真似ても、バックエンドにつながらない理由がここにあるのです。


もちろん、受注したい一心で強引にセールスしたりすれば、当然問題になってしまいますので、スマートに、そしてほどほどにしなくてはなりません。その「いいあんばいの営業」をしていくひとつの方法が、パンフレット類の整備なのです。

ではなぜ、コンサルティングの案内リーフレットにしろ、営業パンフレットにしろ、紙面で用意するのか…ということです。これも理由は単純です。

言葉だけであれば、セミナー会場を出た後、思い返す方法は記憶だけになってしまうからです。

パンフレットやリーフレットが手元に残っていれば、思い返してみてもらえる可能性が残ります。また、時間ができたときなどに隅々まで見てもらえるかもしれません。もちろん、これらはあくまでも「可能性」の話です。

しかし、記憶だけに頼った営業と、目で見て思い返してもらえる営業とでは、どちらが有利になるかは歴然です。世の営業の現場で、なぜパンフレットやカタログを持って営業が行われているのか、ということです。

パンフレットにしろ、リーフレットにしろ、わざわざ紙などで作成する理由はここにあります。

手にしてもらえれば、感覚的な記憶を残してもらうことや、メモでも書き込んでもらえるかもしれません。セミナー会場で、開始前の段階から目にしてもらい、セミナー中にも、講義内容から少し離れて息抜きに、パンフレットに目を通してもらえるかもしれません。

終了後も、電車の中や事務所や帰宅後に目にしてもらえるかもしれません。

どれだけ上手にしゃべっても、言葉が立体の活字となって「空気中に目に見えるように漂う」ことはありません。

音は発せられた瞬間から消えていってしまう運命にあります。だからこそ、大事な営業資料としては「目に見えて残る補足」が欠かせないのです。これが、紙で営業資料を用意する最大の理由です。

インターネットで見てもらえれば…と考える方がいるかもしれませんが、ウェブサイトを探して…という、ワンクッションの手間が確実に必要となります。手元に資料などが残っていなければ、そもそも、「ウェブサイトを見て確認してみよう」と思い出してくれる人すら少ないのが、現実の世界なのです。

大事なこと、大事な情報は、紙にして渡す…。あまりにも基本的なことで忘れられがちなのですが、その効果は計り知れないほど大きいことを忘れないでください。

申込書の作成ポイント

申込書は、Ａ４用紙などで作成してください。ウラ、オモテの両面を埋めなくても、片面のもので十分です。

作成のポイントは、「コンサルティングの主な内容」が簡潔に書かれていることです。コンサルティングを「商品・サービス」として考えたとき、その要点がわかることが紙面づくりの最も重要なポイントです。

コンサルティングの詳細は、前述したリーフレットに記述してあることが前提ですが、申込書には、以下の情報を入れておく必要があります。

・コンサルティングの主な内容、対象者や対象企業について
・どのようなコンサルティングを実施するのか
・期間や回数、一回の訪問時間についての情報
・料金についての情報
・コンサルタントおよび会社情報
・申込み方法などについて
・申込み記入欄

この他、「個別相談」「スポットコンサルティング」「お試しコンサルティング」などを行う場合は、チェックボックスなどをつけて、申込みができるようにしてください。

このとき、単発の個別相談について、「無料」にするか、「有料」にすべきか、といったご質問をよく受けます。

結論から先に申し上げれば、「単発が100万円を超えるようなコンサルティングであれば、実質無料で」とお伝えしています。

理由は、コンサルティングの導入に関して、場合によっては数百万円にもなるコンサルティング代ですから、自社に本当に適合するか、会って確認したいというのは、心情的にも、ビジネス的に考えて当然だからです。

ただし、これはセミナーの開催方法と一対で考える必要があります。

後述しますが、一般的によく行われている「無料セミナー」や「5千円のセミナー」の場合、単価の高いコンサルティングとの組み合わせでは、そもそも個人コンサルタントが行うモデルとしては難しい面があります。

コンサルティングを受注するためには、「よい意味での敷居」が効果を発揮することが多く、その組み合わせが重要となります。無料セミナー&無料相談では、ハードルが低い分、結果的になかなか契約に至らない…ということが起きがちです。有料相談との組み合わせを検討するとよいでしょう。

いずれにしろ、本体のコンサルティングに一発でご契約いただくというのは、かなりハードルが高いことですし、「一度会って質問してみたい」というご要望にお応えするためにも、「スポット」や「個別相談」などは、ぜひ設定されることをお薦めします。

なお、単価が低めのコンサルティングや、経営者や企業家個人を対象としたコンサルティングの場合などでは、個別相談を有料で設定しておいて、本体のコンサルティングをご契約いただいたときに、個別相談いただいた際の金額は全額充当するという折衷案的な方法もあります。

法人を対象としたビジネス的な内容のコンサルティングの場合より、個人性が強いテーマの場合、単価的にも「相談」というものに対しても、心理的なハードルが高くなりがちで、無料の場合、冷やかし客が多くなるという傾向があります。

このため、料金設定をしてしっかり相談に応じることと、コンサルティングへの疑問や不安を解消するためにも、双方にとって利点が多く、こうした折衷案が効果的なケースがよく見られます。ご参考にしてみてください。

あなたのノウハウは、コンサルティングブックに集約される

さて、営業ツールの三つ目は、「コンサルティングブック」です。コンサルティングブックとは、自分が行うコンサルティングの詳細な内容を、わかりやすく一冊のバインダーなどに綴じた営業用ツールのことを指します。

コンサルティング案内のリーフレットが、コンサルティングの魅力を伝える営業パンフレットであれば、コンサルティングブックとは、クライアント先に、「実施内容や工程を具体的に示すツール」ということになります。

最大の特徴は、コンサルティングという、目に見えないサービス内容を、具体的に手に取って、「見てもらえるカタチ」にすることで、導入を検討しているクライアントに対して大きな説得力を発揮できるという点です。

なぜ、「目に見えるカタチ」にすることが重要なのかと言うと、実際にコンサルティングでどのようなことが行われるのか、相手の経営者からすればよく分からないからです。先のコンサルティングのリーフレットで何となくわかったとしても、具体的な実施内容についてはは今ひとつわからないため、不安を感じる経営者は非常に多いのです。

もちろん、この道25年のベテランコンサルタントで「名実ともに優れた人」であれば、経営者も「まあ、大丈夫でしょう…」と思ってくれるかもしれません。しかし、失礼なが

らたいていの場合、圧倒的な実績をお持ちの方は少数派であり、むしろ、「実績がないから、この本を手にしているんだ！」という方も多いでしょう。

また、いわゆるBゾーンの先生で講演や研修の場合であれば、おおよそ実施内容も見当がつきますし、士業の先生の場合でも、依頼内容が不明…ということはまずありません。何を行ってくれるのかが不明瞭な仕事、それがコンサルティングであり、その不安を少しでも軽減するために「目に見えるカタチ」にする必要があるのです。

ですから、「コンサルティングブック」とは、あくまでもコンサルタントにとって、とても重要な営業ツールということなのです。

そして、「目に見えるカタチ」にする利点は、もうひとつあります。それは、「ノウハウの体系化」を行っているコンサルタントが驚くほど少ない、という点です。

よく、コンサルタントは「ノウハウを教えている…」などと言っていますが、「では、どんな内容を、どういう順にコンサルティングするのですか？」、「なぜ、その手法が必要なのですか？」といった質問をしてみてください。急に不機嫌になったり、答えに窮する人が驚くほど多いのが実態です。

これは、言葉は悪いですが、経験と勘で「こうだ！」とは応えられても、「なぜ？」という問いに対しては、そこまでじっくりと考えて、実勢内容を多方面から緻密に考えている人は圧倒的に少数派のため、「それは…」と言葉を濁したりするわけです。

実際、これからコンサルティングに入る…というときに、「今後のスケジュールや実施内容はこうなります」とクライアントに示せる人は、きわめて稀です。

経営者の方々にも聞いたことがありますが、「実施内容を、事前に提出してくれたコンサルタントとは出会ったことがない」というのが、大半の声でした。このことが何を意味しているかと言えば、それだけ「コンサルティングブック」は、「営業上、有利なツール」ということです。

弊社では、積極的にこの「コンサルティングブック」の作成を推奨しています。その真意は、コンサルタントにとって営業上、とても強力な武器になるという面もありますが、一方で、クライアント側にとっても、「何が行われるのかを確認できる」という、双方にとってメリットがあるからです。先般からお伝えしているとおり、「まっとうなビジネス」にしていくためです。

他のビジネスで考えれば、「こういう内容のものです」と、購入前にカタログや内容を示すことは当たり前なのに、ことコンサルティング業界では「紙切れ一枚」で、毎月何十万円も請求したりする由々しき商習慣がまかり通っていたりします。

これは、きわめて不健全な状態であり、「怪しい職業」でワースト１（２０１４年。フレッシャーズ調べ。ちなみにワースト２、３は、占い師、探偵業）に堂々、輝いてしまっている？　大きな原因とも言えるでしょう。

こうしたことをなくしていくためにも、弊社は微力ながらも、コンサルタントと経営者の「フェア」な関係性構築のために、コンサルティングブックを推奨しているのです。

こうしたこともあってか、コンサルタントが自主開催していたセミナーの後、個別相談の際に、「コンサルティングの実施内容です。よければご覧ください」と経営者にお見せするだけで、すぐに契約がまとまったケースも珍しくありません。

いわく、「実施内容がよくわかった。これなら、安心して頼むことができる」と、経営者の方々からも高い評価をいただいています。

実施内容を確認できるので、「思っていた内容と違っていた…」というトラブルも未然に防ぐことができます。作成に時間とエネルギーを要しますが、それだけ「双方にとってフェア」な道具ということなのです。

コンサルティングブックに必須の要素

なお、コンサルティングブックの内容については、基本的な構造そのものは共通していますが、コンサルタント各人の知識やノウハウの集大成となるため、それこそ一人ひとりまったく違って千差万別となります。同じ内容のものは二つと存在しません。

これは、同じ経験を重ねて、同じ手法やノウハウの整理、体系化を経るということなど、絶対にあり得ないからです。一人ひとりの人生が違うように、コンサルティングブックの内容も違っているのが当然なのです。

こうしたことを理解できない人がたまにいます。他人のコンサルティング内容を真似たり、コピーしたりしてコンサルティングブックをつくろうとする輩です。

とても大事なことなので、あえてページを割いてお伝えしておきたいと思います。オリンピックのエンブレム問題など、昨今では「パクリ」が大きな問題になっていますが、知的ノウハウを無断でコピーしたり真似たりすることは、これは「窃盗行為」と同じであり、コンサルタントどころか社会人として「失格」を意味します。

本人からすれば、「ちょっとだけ…」と思っているかもしれませんが、そもそも「自分の知識や経験を体系化した商品＝コンサルティング」であるのに、なぜ他人の真似やコピーをしようとするのか、ということです。いかに、「自分の中に何もないのか」ということを、自ら証明しているようなものです。

他人のやっているコンサルティングをサル真似して、仮に運よく？受注した後にはどうなるか…。一から自分の頭で考えたことのない人は、何かちょっとしたつまづきが起きたときに、何が起きるか分からないだけに未知への対処ができません。常に応用の連続なのが経営の現場です。このようなことで、大トラブルになっているケースをたくさん見てきました。

再度申し上げますが、コンサルティングブックとは、自らのコンサルティングを体系化してカタチにしたものです。ですから、自分の脳みそをフル回転させて、知識やノウハウを総動員して、しっかり「工程」や「実施内容」を示す必要があります。

この「工程」が示されてはじめて、どのようなコンサルティングが実施されていくのかがハッキリするからです。そして、この内容を決定づけているのが、ご自身の経験やノウハウに基づく論理的な施工詳細なのです。

経営者の方々が、なぜコンサルティングブックを見ただけで判断できるのかと言うと、経営の現場でさまざまな経験を積んでこられているだけに、実施内容を見れば、どのようなことが会社内で起きるのか、またそれらがうまくいく可能性が高いのかなど、詳細まで理解できなかったとしても、おおよそのことが感覚的に理解できるからです。

当然ながら、この施工詳細をいい加減に示していたら、クライアントごとに実施内容や指導方法がバラバラになってしまいますし、実務経験のないコンサルタントが、カタチだけ真似た内容でコンサルティングブックをつくっても、経営者は「これは、机上の空論」、「このコンサルタントは能力がない」などと、一発で見抜いてしまいます。


言葉は悪いのですが、教育研修やビジネススクールのように、「教えたら終わり」ではすまないのがコンサルティングの世界です。「結果」が常に求められるだけに、「教える内容の列記」では、まったく意味がないのです。

本当に実施される内容によって、新しい仕組みが立ち上がるのか、成果が上がるのか、業績向上につながるのかなど、実際的な成果に対する打ち手があってはじめて、そのコンサルティングは成立するわけです。

当然ながら、クライアント企業はさまざまです。さまざまなクライアントに対して対応できるよう、コンサルティングの実施工程が体系化されていなければ、実務として使い物になりません。じっくり論理的に組み立てる必要があるのです。

弊社では、これまでに130件以上のコンサルティングの体系化、コンサルティングブックの作成指導に携わってきています。

コンサルティングブックのことについては、当社のウェブサイトにご案内を掲載していますので、ご興味のある方はサイトをご覧ください。

【ワンポイント】とにかく武器を持たずして戦いをはじめる愚。これが最も多い失敗例。ついで多いのが、精度の悪い武器で戦う愚。準備いかんで戦う前に結果は決まる。

社長の行動心理を読むツールと現象

社長の心は、アンケートではわからない

先に、「アンケートなんて要らない」という旨をお伝えしました。それは、もっと大事なものを用意していないから…ということをお伝えしたかったからです。

そしてもう一つ現実問題として、コンサルタントが自主開催するセミナーの場合、アンケートでわかることなど、たかが知れている、という理由もあります。「質問に対して、その通り回答するとは限らない」ですし、そもそも、「評価と契約」はまるで別物だからです。このことがわかっていないと、講演講師はできても、コンサルタントとして食べていくことは、まず無理となってしまいます。

たとえば、アンケートの取り方の中でも、精度よく本当の評価がわかりやすい…とされている、「購入者に対して、あなたはこの商品を人に薦めますか？（10段階で何点）」という質問の仕方があります。

最近では、多くの商品調査で利用されており、きわめて有効なアンケート手法とされていますが、この方法も決して万能ではありません。むしろコンサルタントのセミナーでは、アンケート結果に全然意味がないことも多く、間違った判断をしかねないため、使わない

方がいいことが多いとさえ言えます。

実際、この手のアンケート手法を手分けして、何度か試したことがありますが、経営者を相手としたコンサルタントのセミナーの場合、「参加者に、このセミナーを人に薦めますか？」といった質問をした場合、たとえ内容に大満足でも、「はい」とか、「10点」といった答えを記入しない人が多いことがわかっています。

その理由は、「コンサルタントに頼んでいることを知られたくない」とか、「優秀なコンサルタントを同業者に教えたくない」といった、経営者ならではの、独特の感情が働いたりするからです。

そもそも、「コンサルタントを人に薦めるなんて考えたことがない」という経営者も多く、アンケート結果に信憑性が全然なかったり、場合によっては、「極端に悪い数値が出る」こともあります。

もし、この結果だけを真に受けていたら、折角仕事になるセミナーの話ができていたにもかかわらず、間違った採点により、どんどん違う内容や、話の仕方に変えていってしまうかもしれません。また、本当にセミナー内容がよくなかったとしても、やはり悪い結果でしょうから、要するに判断ができないということになるわけです。

お客さん側の独特の感情を理解していなければ、当然ながら質問してもまったく意味がありません。だからこそ、「満足度のアンケートを取ることに意味はない」と申し上げているわけです。この他、無駄な質問項目を並べているアンケートが多いのには、本当に驚かされます。主なものを挙げれば、

・「参加しやすい曜日はいつですか？」
・「セミナー時間は十分でしたか？　長かったですか？」
・「セミナー料金は、高いですか、普通ですか、安いですか？」
・「セミナー会場はどうでしたか？」
・「ご希望のセミナーテーマがありましたら教えてください」…

など、私から言わせれば無意味な質問項目が、ずらずらと並んでいるものが珍しくありません。なぜ無意味かと言うと、「聞いても仕方がないこと」ばかりだからです。

たとえば、水曜日に開催したセミナーに参加した方に、参加しやすい曜日を質問したら、高確率で「水曜日が都合がいい」と答えますし、金曜に参加された方は、同じく「金曜が都合がいい」と答えます。「都合がついたからから参加している」のです。

このことも、実際に実験済みです。違う曜日でセミナーを開催してみましたが、それぞれ、ご自分が参加された曜日に対して都合がいい、と答えられた方がほとんどという結果が出ています。

ケーキと饅頭を置いておいて、ケーキを食べた人に「ケーキと饅頭、どちらが好きですか？」と聞くようなものです。

料金についても、聞かれたらほとんどの人が「少しでも安いほうがいい」と考えるわけで、質問しても、ほとんど意味がないことがわかります。

他にも、「聞いてどうするの？」と、思わず不思議に思うようなことが羅列されているアンケート用紙は、枚挙にいとまがありません。

似て非なるお仕事の人がやっているアンケートを、それほど考えずにマネしているからだと思いますが、下手にアンケートを取ると、「間違った判断をしてしまう可能性も充分ある」ということだけは、絶対に忘れないでください。

意味のないことは、むしろしないほうが余程マシなのです。

自主開催とセミナー会社主催とでの本質的な違い

誤解のないように補足しておきますが、前述のとおり、これらの質問項目は、「セミナー会社」が行うとしたら、何ら不思議はなく、問題もありません。

サービスや品質の向上のために、アンケートを活用しているわけですから、重要な取り組みと言えるでしょう。

無意味だと申し上げているのは、「コンサルタンとが自主開催するセミナーの場合」においてということです。

セミナー会社の場合、セミナー自体を商品としており、多数品揃えして販売する必要があります。さまざまな講師の先生にお願いして、多種多様なセミナーを開催しているのは、一つひとつが違った商品ということです。

これは、繰り返しセミナーを利用してもらうことを考えた戦略であり、リピート利用により、ビジネスが成り立っていることを意味しています。

また、先にも申しあげたとおり、圧倒的に人数が多い「社員向け」を狙ったセミナーが多く、参加者はビジネスマン、サラリーマンが大多数です。このため、「参加しやすい曜日」や、「セミナーの時間」、「決済可能な価格」、「今後参加したいテーマ」などを聞くことは、繰り返し利用に影響するため、アンケートを取る意味があるわけです。

ところがコンサルタントの自主開催の場合、当たり前ですが基本的に一人で行っているため、何種類もの違ったセミナーを、次々に企画開催するということは、まず考えられないことでしょう。

そもそも論として、コンサルタントの本業はセミナー開催ではなく、受注後のコンサルティングですから、もし十種類もセミナーを開いているとしたら、それは「セミナー屋」ということです。

巷で話題になったテーマに飛びついて、似たようなセミナーを、次々に行っている人もいますが、Ｂゾーンの先生ならともかく、こうした多種多様なセミナーを自主開催することは、常識的にはありえないことがわかると思います。

後述しますが、コンサルタントの場合、自主開催するセミナーは、自分のコンサルティングのテーマと一致していなければ、契約に結び付く可能性は、ほとんど皆無になってしまうからです。

ですから、多くのテーマで自主開催できる人でも、数種類くらいがひとつの限界です。たった一つのテーマでさえ、契約が獲得できるセミナーを成立させることが、いかに大変かは、実際に行っている人であれば実感していただけることと思います。

さて、ここで質問です。「あなたは、ほとんど同じ内容の実務セミナーに、何度も参加しますか？」――。答えは、言うまでもないと思います。

感動的なセミナーだとか、知人だから…とか、いろいろ例外はあるかもしれませんが、基本的に「同じ本は二冊買わない」というのと同じで、コンサルタントの実務セミナーの場合、「二回は参加しない」という人が大多数なのです。

つまり、自主開催したセミナーへ参加してくれた社長さんとは、コンサルティング契約後に何度も会うことはあっても、再び自分が主催するセミナーでお会いする確率は、きわけて低いということです。

また、参加された社長さん側も、あなたのセミナーに何度も出るという感覚はなく、むしろコンサルタントとしてのあなたの実力を見にきている面が強いことを理解していなければなりません。

このことが何を意味するかというと、セミナー会社のように、セミナーを商品のように扱って展開しているところの「満足度の調査」を、コンサルタントが自主開催するときに真似ても、何ら意味がないということです。お分かりいただけたでしょうか。

満足度より集めるべき情報とは

一方で「社長の行動心理を読む」ためにアンケートを取るなら、ぜひ入れておくといい項目があります。自主開催セミナーの精度が上がるだけではなく、コンサルティング契約の獲得率が引き上がっていくからです。たとえば次のようなものです。

・「どうやってこのセミナーを知りましたか？」
・「ご参加を決めた理由は何でしたか？」
・「担当者とご一緒の参加は検討されましたか？」
・「セミナー参加の前に、書籍または資料をご覧になりましたか？」
・「これまでに、コンサルタントは何人くらい活用されたことがありますか？」
・「コンサルタント活用で心配なことは何ですか？」
・「現状、困っている点やお悩みの点があればご記入ください」…

基本的に、事実を聞くことがポイントです。セミナー会社が行うのが、「満足度調査」であれば、自主開催セミナーで聞くべきは「事実調査」ということです。なぜなら、事実にこそ、次の展開に大きなヒントが隠されているからです。

感覚的なことや感情的なことを聞かれても、本当のことは言わない人でも、事実がどうであったかについては、限りなく本当のことを書いてくれます。

選挙の時に、「あなたはだれに投票する予定ですか？」と投票所の前で聞いても答えはあやしく、実際にブレは激しいのですが、出口調査で、「誰に投票しましたか？」と聞くとき、ほとんどブレないのと同じです。事実把握すること、このことが、営業的に実に大きな意味を持つのです。

なかでも、「どうやってこのセミナーを知りましたか？」というルートの確認は、きわめて重要です。セミナー告知がダイレクトメールだけ、という場合でも、意外と「ネットを見て」と答える経営者が多くいます。

最後は本人に聞いても、「どうだったかな〜？」などと、よく覚えていないケースも多いのですが、重要な点は、「本人的にはネットを見て決めた」ということだったりするわけです。

このことは、自社サイトのセミナー告知ページの重要性を示しており、ダイレクトメールからサイトへの誘導が、セミナー受注への流れづくりに有効かもしれない、ということを意味しているわけです。

もちろん、案内がＦＡＸやメール、他社の広告サイト、ＳＮＳツールなど、多岐にわたる場合、「ＦＡＸを見て」など、どこからセミナーを知り得たかを把握できると、今後の営業の重点をどこにするべきかがわかるようになります。

実際、セミナー参加された方のアンケートから、あるＳＮＳの名前が記述されていたため、そこへの広告を増やしたところ、セミナー参加者が急速に増えたという実例もあります。

たった一人が書いたことでも、参加者特性的には似ていることが多く、セミナー集客で効果的なルートである可能性は高く、非常に重要な情報となることがあります。

ですから、営業的に聞いておきたいことは、どしどし聞くことです。もちろん、書き方を工夫する必要は多少あり、「こんなことを聞いて大丈夫？」と心配される方も多いかもしれませんが、個人情報に関することや、よほど直接的な変な質問でもない限り、答えにくい質問のところは空白になって返ってくるだけです。

とくに、コンサルティングに関係する内容については、質問項目にぜひ入れておきたいところです。

不思議なもので、アンケート用紙に、お困りのことを記入する欄を設けていると、書き込む内容を考えるためもあって、実際に困っている点や悩んでいることを書いてくれる確率が上がります。そして、その解決のために、スポット相談や個別相談などを依頼される確率が上がるということが確認されています。

困っている内容を記入してもらっていれば、個別相談の際、下調べした上で説明できますし、問題が起きている理由を示すことで、「このコンサルタントは解決法を知っていて、それができる人」と認識してもらうこともできます。コンサルティング契約の確率が高まることは言うまでもありません。

このため、アンケートに、「個別相談を申し込む」というチェックポイントの欄をつけておくと、話しが進みやすくなります。要するに、アンケートひとつでも、営業的な思考に基づいてつくることが重要ということです。

名刺交換はバロメーター

ここで、「セミナーの内容そのものに対しての評価は、どう判断すればいいのか?」と、心配される方がいらっしゃるかもしれません。

アンケートで聞いても無駄だけに、どうすればいいのか…ということとえすが、結論から申し上げると、中小企業の経営者対象のセミナーにおいては、その登壇内容の良し悪しは、名刺交換によって来られる参加社の比率、そして実際に契約に結び付くかどうかで、ほぼ間違いなくわかります。

逆に言えば、満足度調査のアンケートで、どれだけ「○」がついていても、名刺交換に寄って来る人が少なく、契約も取れないようなら、社長からすれば、「あまり使い道がない内容」のセミナーだったということです。

サラリーマン対象のセミナーとは、この点がまるで違うということを、自主開催を考えるコンサルタントであれば、絶対に知っていなければなりません。

実際、前職時代には、経営者向けのセミナーをよく企画開催する会社であったため、多くの社長さんとセミナーでお会いしていましたが、アンケート云々より、セミナー終了後の講師の先生との名刺交換の列の長さを見れば、社長さんからの評価がどうだったかすぐに判断がつきました。そして、こうした先生方は、ほぼ間違いなくその後、バックエンドの仕事に結びついていました。

中小企業の社長とは、「何かに活かせるかも」とか、「この先生に頼みたい」、「この先生とお知り合いになっておきたい」など、言葉は悪いですが何かメリットを感じたら、即行動するという類まれな性質を持っている生き物です。

この行動力には、常々驚かされるのですが、これは、正直なところ、サラリーマン対象のセミナーでは、まず見られない現象です。

このため、Bゾーンですごい数の登壇を重ねていたベテランのような人でも、経営者を相手にしたセミナーでは、どういった反応が出るのか、まったく知らないという人も多いのです。とにかく注視すべきは、「結果」と「事実」ということです。

【ワンポイント】契約を獲得することはきわめて重要だが、もっと重要なことは、「どうすれば契約になるのか」という自分ならではのパターンや情報を獲得し、何回も繰り返せるようになること。このことこそ、自分のビジネスを確立する最重要事項である。

第4章

コンサルタントが、商品力を高める重要視点

コンサルティングの商品化は、営業力を高める絶対条件

大きく誤解されている「強み」づくり

さて、販売力の次は、商品力の引き上げです。先に、コンサルタントの営業力は、販売力と商品力、そして人間力の掛け算とお伝えしましたが、商品力が低いままでは、残念ながら自分の営業力は思うほど向上しません。根本的な営業力を引き上げるためには、販売力に加えて、商品力の向上は、絶対条件とも言えるでしょう。

そして現実的には、「多くのコンサルタントが、商品力に問題を抱えている」ということが挙げられます。実際、営業に苦戦している人ほど、「コンサルタント業」というビジネスを、イマイチ理解せずに行っています。

商品力アップの難しさは、その方法が見えにくい点にあります。

たとえば、「商品力がある」ということは、言ってみれば、「他に抜きん出た魅力がある」ということですが、コンサルティングで言えば、他の人にできない…とまでも言わなくても、「自分ならではのコンサルティングができる」ということを意味します。

要するに、「他のコンサルタントと比べて、自分だけの強みというものはありますか？」ということです。

言葉では実に単純ですが、具体的な方法がわかるでしょうか？　現実的には、「とんち問答」のようなことになりかねず、「自分だけの強みとは…」と迷宮入りする人も後を絶ちません。「自分だけの強みづくり」が、どれだけ難しいかは、真剣に考えたことがある人ほど、ご理解されていることと思います。

マーケティング理論を振りかざす先生の中には、「御社の強みは何ですか？」などと、問いかけるのを常とう句にしている人たちもいます。企業や商品に独自の強みがなければ、競争に負けてしまうから…ということなのでしょう。

得意げに話されるのは結構なのですが、実際には、「そういうあなたの強みは何ですか？」などと聞き返されたりすると、真っ青になってしまう人が多いのです。

聞きかじった横文字マーケティングで他人には偉そうに語っているけれど、実は自分だけの強みなど、何も持っていない…という似非コンサルタントの典型パターンです。

世の名、この「独自性」や「強みづくり」ほど難しく、また、まともに理解されていない言葉も珍しくありません。

というのは、強みづくりというものに対して、よくわからないし見えないから…と、「パーソナル性の特徴」を際立たせることとか、はたまた、「他にライバルがいなければ優位性が保てる」といった単純なポジショニングのことだと捉え、あるいは「独自性＝細分化」と勘違いしている人があまりに多いのです。

パーソナル性の特徴については、前著「キラーコンテンツで稼ぐ法」でお伝えしているので、本書では詳細は避けますが、いわゆる本人の見た目や特徴や奇抜性、趣味、ユニークさ…など、本質的なコンサルティングの中身ではなく、タレント的な部分を強調することで、他の人との差別化を図ろうとする手法です。

この方法は、Bゾーンでは有効でも、Dゾーンでは、まったくと言っていいほど効果を上げません。むしろマイナス効果が大きく、弊社では「絶対に行わないように…」と、お伝えしているほどです。

理由は言わずもがなですが、経営の重要な判断を伴うような仕事を、「チャラチャラした人に頼みますか？」と聞けば、誰でも答えはわかるでしょう。

「経営者になったことがないからわからない…」と言われた方もいたので、「もしあなたが、大切な財産を預けようと、信託銀行などを探していたとしましょう。担当者として、異様な服装のタレントのような人が出てきたとしたら、本当に安心して預けられますか？」というのと同じだと言えば、ご理解いただけるでしょうか。

Ｂゾーンの社員研修やセミナー講演の先生であれば、社員対象で必要な学びを提供することが仕事です。テレビ番組で、楽しさやユニークさがあることが魅力になるのと同じです。参加者やセミナー担当者からの評価が上がりやすくなります。

経営の重要なことを預ける話とは違いますし、そもそも決定権者が違うため、選択肢が変わるのです。選ばれる上でも、講師の奇抜さやユニークさは、記憶に残る特徴になるため、その他大勢との差別化、つまり、「強み」をつけることができます。

これは士業の先生方にも言えることで、資格を持っていることで仕事が得られる利点がある反面、大勢の同業の中から「自分を選択してもらう必要性」があります。本来、仕事内容で差別化できれば一番いいのですが、同一資格だけに、商品力での差別化が難しいため、パーソナル性を活用するということです。

一方、細分化でますます苦戦するコンサルタントも、実に多く見受けられます。細分化とは、本質的にはどの言葉どおり「細かく分ける」ことであり、条件を加えてより細かく分ける方法を意味します。つまり、「ある一定のまとまりの中から特定の部分を切り出す」

という考え方です。

この考えの典型例は、地域限定したり、業種特化したり、分野特化したりというパターンです。他にライバルがいなくなるまで絞ることで、自分の存在価値を引き出し、結果的に強みとするという考え方です。

たしかに、これが大きな力になることもあります。強みになるのは、ズバリ税理士や社労士の先生方、いわゆる「士業ビジネス」です。これらの先生業の場合、自分が得意とする分野や専門性、地域性を謳うことで、その他大勢のライバルから抜きんでて、選択してもらいやすい状態をつくり出すことできます。


たとえば、税理士業務の中でも、「私は、飲食店専門です」とか、「〇〇地域の小規模会社専門です」などと細分化することで、特徴を打ち出す方法です。税金に関するアドバイスにしても、「相続専門」を謳ったり、「自営業専門」など、まさに細分化して強みを強調する手法が、よく取られています。

他にも、弁護士の先生の場合でも、「著作権問題専門」とか、「離婚問題」、「債権問題」などをメインにしているなど、さまざまな専門性を強調することで、強みにしているケースは実に多く見られることです。

なるほどたしかに、この細分化の手法を使えば、コンサルタント業の場合でも、うまくいきそうな感じがします。

実際、多くの方々がその手法を取り入れてビジネス展開を行おうとしています。しかし、残念ながら、思い描いているような成果が出ないばかりか、苦戦する人が後を絶ちません。そこには「うまくいくための重要な条件」が欠けているからです。

このカラクリを理解していないと、「専門性を打ち出す＝細分化」という、驚くほど魅力的な罠に、次々にはまっていってもがくことになります。

事実、大勢のコンサルタントが彼らの真似をして、苦戦を強いられています。ここでも、似て非なるビジネスの罠が猛威をふるっているのです。

では、なぜ、コンサルタント業の場合、細分化の手法が難しいのかお分かりになりますか？　それをご説明しましょう。

士業とコンサルティング業の根本的な違い

実は、士業ビジネスとコンサルタントの仕事とでは、根本的とも言えるほど違う点がひとつあります。この根本的な違いこそ、細分化の手法が、コンサルタントではうまく作用しない最大の原因です。

その「根本的な違い」とは、**「仕事の内容が暗黙知で理解されているかどうか」**という点です。

誤解を恐れずに申し上げれば、ほとんどの「士業ビジネス」は、国家資格を背景にしているだけに、仕事の内容は大筋同じです。競争はあるものの、仕事内容は理解されているため、特段に自分の仕事の内容をアピールしなくても、相手（クライアント）から理解してもらえるという利点があります。

資格制度により、試験に受かった人にライセンスが与えられるわけで、この結果、数万人単位の人が、同じ資格を持っています。この人たちは、実績やキャリアに違いはもちろんありますが、ライセンス的には基本的に同等であり、また同等であるからこそ、依頼する側も安心して頼めるという構図があるわけです。

いま「利点」と申し上げました。そう、これはまさに「大きな利点」と言えるものです。

実際、税理士の先生に、仕事を依頼する場合、細かい点の確認はすると思いますが、根本的に「いったい、何をやってくれるんだろう？」というような大きな疑問というものは、まずないと思います。

今年開業した「税理士の○○さん」の場合でも、業務内容について、大体わかってもらえることは、これは驚くべき利点です。

今年開業した「コンサルタントの△△さん」とでは、正直大きな違いです。まず最初に、「どんな仕事をしているんですか？」と聞かれてしまうのが、コンサルタントビジネスの宿命でもあるからです。

これは、資格制度により、「○○士」の先生とは、「こういった仕事をしてくれるもの…」といった具合に、われわれの頭の中に大雑把ではあるものの、仕事内容のイメージが定着しているのが大きな理由の一つです。

もちろん、横並びでウン万人が同じような仕事をしているわけですから、ライバルだらけで競争も厳しいのですが、業務内容をいちいち説明をしなくても理解してもらえて、受注できてしまうというのは、これは、規格化されている「国家資格」だからこその利点といえます。

ご本人が意識しているかどうかはともかく、「その仕事だったら、こういう内容でしょう?」ということを、お客さんの方が理解しているということです。

これを、コンサルタントの人が、「自分も先生だし、同じような部類の仕事だから…」と、本質的な違いを理解せずにカタチだけ真似してしまうと、実に痛い目に遭うことになります。試しに、「あなたの会社をコンサルティングをします」と見ず知らずの社長さんに言ってみればすぐわかると思います。

相手の経営者の頭の中には、「この人は、いったい何のコンサルティングをしてくれるんだろうか?」よく、わからない…と「?マーク」が並び、怪しいモノを見るような目線が返ってくることになるでしょう。

これは、何もそのコンサルタントだけの問題でも何でもなく、「コンサルタント」という仕事自体が、一般的にあまりにもイメージが漠然としていて、アドバイスなのか実務指導なのか、分析なのか、何をしてくれるのかよくわからないというのが、実際のところだからです。

笑い話のようですが、コンサルタントの知人同士でさえ、互いにどのような仕事をしているのか聞いてみなければわからない…ということが本当によくあります。しかも、何年も付き合いがあるのに、飲みながら話をしていて、「あぁ、そういう仕事だったんですか！」と、ようやくわかった…なんていう、「えっ？ 知らなかったの？」みたいなことも珍しくありません。

それくらい、コンサルタントの仕事というのは、決まったカタチや規格というものがなく、内容もはっきり理解されていないことが多いのです。

お分かりいただけるでしょうか、この、「何をしてくれるのかよくわからない」状態が解消されない限り、依頼しようにもわからないため依頼できないのです。

わからないものは買ってもらえない

いま、「何をやってくれるのかわからない」と、申し上げましたが、このことを、もっとハッキリ言えば、**「商品になっていない」**ということです。

値段をつけて売ろうとすれば、何でも商品になると思ったら大間違いです。自分では商品になっているつもりだし、そのために価格設定をしていると言うのでしょう。しかし、相手には「商品」だと伝わっていないのです。

誰でもそうですが、何を売っているのかよくわからないものに対しては、理解できないし、気味が悪いし、怪しく感じてしまうものです。

たとえば、美容師や理容師でもなく、「髪の毛をよくしますよ」という人が現われてきたら、あなたはどう思うでしょうか…ということです。「散髪屋さん」でもなければ「美容室」でもなく、よくわからない「ヘアーコンサルタント」と称する人が、「料金3万円」とだけ表示しているとしたら…。

消費者側の立場からすれば、正直なところ、「何をやってくれるのか」、「どんなサービス内容なのか」、なんだかわからず怪しいと感じ、とても普通に「では、頼みます」とは言えないというのが、ほとんどの人の感覚だと思います。

残念ながら、「コンサルタント」に対する一般的なイメージというものは、まさにこの「何をやってくれるのか、本当のところよくわからない」という状態なのです。

「指導します」「アドバイスします」「お手伝いします」と、いくら声高にアピールしても、こうした言葉は実に曖昧な印象です。

実態としてはイマイチよくわからないし、当の本人でさえ、「実のところ、何をやるのか決めていなかったり、わかっていない」という人が大多数なのが、このコンサルタント業界の恐ろしいところです。

カタチだけ士業ビジネスを真似て、「月額○○万円」といった月額報酬制をとっているコンサルタントは非常に多いのですが、「では、何をやってくれるんですか？」と質問すると、「それは…、うかがって内容を詰めて…」と、実に歯切れの悪い言葉が返ってきたりします。個別対応といえば聞こえはいいですが、要は「実施内容が決まっていない」のです。

ついでに、「どれくらいの期間がかかりますか？」とさらに質問すると、ますますよくわからない答えが返ってきたりします。自らの提供することを、しっかり商品化できていない人が多いという証拠です。

マーケティング的発想で細分化をいくらしても、そもそも「買ってもらいやすい商品」

や「受注できるカタチ」になっていなければ、効果は発揮できません。これが士業ビジネスとコンサルタント業の大きな違いなのです。

また、売りモノがはっきりしていないやめに、逆に「何でも対応」しようとしてしまうのも、多くの人がハマってしまう罠です。

何か当たるのではないか？困っていることに何でも対応しよう…と考えるパターンですが、一人でやっている仕事で、「総合」を謳う事がどれだけ不利で、意味のないことかは、小さな飲食店が「ウチは何でもおいしいよ」と言っているのと同じと申し上げれば、ご理解いただけると思います。

小さなお店であればあるほど、経営資源が少なければ少ないほど、専門特化しなければ強みを発揮することが不可能です。

だからこそ、専門性を謳わなければならないのですが、細分化の方法が有効ではない…。ここにコンサルタント業の難しさがあるわけです。

「ノウハウを売る」ということの本質

「商品になっていないモノを売っている」、「何でも対応」…といったやり方をとる人が多くいます。たいへん失礼かもしれませんが、営業で困っているコンサルタントの、圧倒的大多数がこのパターンを取っています。

なぜ、絵に描いたようにハマっていってしまうのか…。これは、「ノウハウを売る」ということの本質を、しっかりと理解しないまま、見よう見真似でコンサルタント業を行ってしまっていることが原因として挙げられます。

つまり、本来、コンサルタントビジネスとは、ノウハウを売ることが仕事であるにもかかわらず、そのやり方がよくわからないために、他のビジネスを参考にする中で、「作業賃」で仕事をするようになってしまっているということです。

もちろん、一般的なビジネスの作業費よりは高額です。しかし、「何か手足を動かして、作業したり、代行したり、作成したり…」の対価として報酬を得るという考え方が根底にあるため、商品になっていないモノを売ろうとしてしまうのです。

このため、「時間当たり○○万円」とか、「月２回訪問で○○万円」といった「単価」を設定し、それに日数を掛け算したコンサルフィーを請求しようとしたりします。

すべてがいけないなどとは申し上げませんが、自分が動いて作業した分だけお金をいただこうとするスタイルというのは、基本的に「作業賃」ビジネスだということです。

「高額な作業賃で仕事をして何が悪い！」という声が聞こえてきそうですが、このやり方には、クライアントおよびコンサルタント自身にとっても、非常に大きなマイナス面があることを知っておかなければなりません。

その代表例が、「作業することで居座る」というパターンです。長くいればいるほど売上になるため、無意識に契約が長く続くように、仕掛けていくわけです。

クライアントは、事業の成長発展のために、専門コンサルタントの活用を考えているわけですが、もし、「そのコンサルタントがいなければ、うまく行かないようになっている」ということであれば、企業にとっては大迷惑ということになります。

経営者がコンサルタントに対して考える、一番嫌で困ることの第一位が「契約をダラダラ長引かせたり、居座ること」であり、「コンサルタントがいなくなったら回らないようにされた」といった苦情は本当によく耳にします。

コンサルタント本人にとっては、さぞ好都合かもしれません。自分にしかできない状態をつくり出して依存させる。切ろうとしたらうまくいかないから、自分に頼まざるを得ない状態だから、契約がずっと続く…。きっと、このように考えるのだと思います。

ハッキリ申し上げておきますが、こんな程度の低い思考回路の人は、本物のクライアントを得て、売れるコンサルタントとして活躍していくといったことは、まず不可能です。まともなビジネスを展開する意思がないのですから、騙せる範囲の小さな商売で、あくせくやるのが関の山です。

そもそも、まともな経営者であれば、そんな馬鹿げた仕事の頼み方をすることはありません。冷静に考えていただきたいのですが、社員を何十人、何百人、場合によっては千人単位で率いて事業を行っている人、それが経営者です。

人間を見る目は半端なく優れているのが社長というものです。ある意味、「完璧に見透かされている」と思って間違いありません。

「いや、知人のコンサルタントは、何年も契約が続いていて、同じクライアントのところに行っている」と言う方もいるでしょう。では、ぜひ確認してみてください。まず、「本当にコンサルティングが仕事ですか？　研修が仕事になっている人ではないですか？」ということを。そして、「本当に、安心して仕事をしているかどうか」を。

研修の場合、「社員に対して実技指導することの代行」が仕事ですから、同じ会社から定期的に仕事が来たり、毎年依頼が来るということは、何ら不思議ではありません。よい仕事をしている証です。この仕事と「コンサルティング」を混同すると、自分がやるべきことがわからなくなってしまうので、確認が必要ですし、注意が必要です。

上場コンサルティング企業でも陥る罠

また、実際にコンサルティング業で何年も契約が続いている場合ですが、弊社にお越しになられた方の中に、5社の顧問先で7年間コンサルタントをやってきたというような方が何人も来られています。

安定収入でさぞ安心して…と思いますか？ 人前では「何年も続くクライアントがいるから…」と威勢はいいのですが、内情は大違いです。「クライアント先に切られたらどうしようかと、切られないためにさまざまに画策していますが、安心して眠れません。次の契約先が取れるか心配だし…」というのが彼らの偽らざる言葉です。

新規のクライアント契約が取れていれば、切られる不安を抱く必要性は何もないのですが、「安定収入という名の営業放棄」になっていることが大半です。ミイラ取りがミイラではないですが、「実際には、自分の方が切られたら困る…」という、一番の窮地にどんどん追い込まれていっているのです。

「クライアント5社のうち、1社の契約が切れました。もう1社が来月切れる」となったとき、あなたはどうしますか？ 濡れ落ち葉のように、クライアント先にしがみつこうとする似非コンサルタントが本当に多いのです。

残念ながらこうした人は、企業を助けるどころか、明らかに足手まといとなり、邪魔な存在となります。いらない仕事を無理やりつくり出しては、「私がやりましょう」などと言って、契約を続けることに必死になります。本書の冒頭でもお伝えしましたが、自らクライアントを獲得できないビジネスは、必ずやっていけなくなる典型例です。

ノウハウを売るコンサルティングビジネスというものを、本当に正しく行なっていくためには、「作業賃」や「代行ビジネス」の形式になっていては、本質的な安定もなければ、安心もできなくなります。もちろん、ビジネス的な大きな成長発展も望めないことは、言うまでもないことでしょう。

コンサルタント業で、５千万円や1億円プレーヤーを何人も輩出していますが、この金額を、作業や代行ビジネスで行うことを考えれば、どのくらいの活動量になるのか、ちょっと計算してみればわかると思います。

1億円を３６５日で割ると、１日あたりの日給換算で、27万円以上稼がなければ到達しないことがわかります。

これは時間給にして、時給３万円で毎日９時間以上「実稼働」してやっと到達する金額なのです。もちろん、休み時間も食事時間も含まれていません。移動や打ち合わせ、営業する時間も当然、含まれていません。稼働時間だけで１日が埋まって休みゼロで到達する数字です。

どう思われるでしょうか? 常識的に考えて、作業賃型では実現不可能ということはお分かりいただけるでしょうか。


ちなみに、大手コンサルティング会社が、コンサルタントと称する人をたくさん抱え、一案件ごとに多くの人手を使って仕事を請け負うスタイルでビジネス展開をしますが、受注が取れなくなったとたんに、人件費が重くのしかかり、急に会社が傾く…ということが本当に起きたりします。

なぜ急に傾くのかといえば、本質が、「人足ビジネス」であり、「作業賃」で利益をあげる構造になっているため、コンサルティング会社という看板やイメージとは裏腹に、事業体質としては脆弱だからです。

実際、ある上場しているコンサルティング会社において、クライアント契約が複数切れたとたんに窮地に陥り、1年の間に二度も業績の下方修正をした会社があります。なんと、「建て直しのために、コンサルタントを入れなければ…」といった、嘘のような本当の話があります。

コンサルティング企業でさえ、「ノウハウを売る=少し高度な人足ビジネス」程度にしか理解できていないため、このような失態が起きるのです。

ノウハウを売るビジネス…ということを、正しく理解できているか。このことは、極めて重要であり、それはコンサルティングのカタチ、つまり商品に如実に現れてきます。

【ワンポイント】「ノウハウ商売」を喧伝している人を鵜呑みにするなかれ。人足ビジネスを真似すれば、真のコンサルティング業成功の道は閉ざされてしまう。

コンサルタントが商品をつくる二つの視点

弱点を克服し、利点を最大化させる商品づくり

では、コンサルタントが、しっかり「ノウハウを売る」ビジネスを展開し、さらに自分の強みをつくり出すためにはどのようにすればいいのか。ご説明してきた「コンサルタント業ならではの問題」をクリアするために、有効な手段として挙げられるのが、「パッケージング」と「手法による特化」です。

わかりやすく言うと、**自分が行なうコンサルティングを、「この方法で」など、手法によって特化し、さらに全何回でその仕組みを構築します…といった、「一つのパッケージングにする」**ということです。

コンサルタントが他社にない強みを持つためには、自ら売るコンサルティングを、「売れるカタチ」にする必要があります。

また、細分化の発想やパーソナル性ではない方法で、特徴を持つ必要があります。このためには、「何を使って業績を上げるのか」といった手法の専門性を打ち出した上で、パッケージ化を図ることです。

自らの仕事内容をパッケージングすることは、クライアントに対して「何をやってくれるのか」をわかりやすく提示することと直結します。

パッケージングの結果、専門性や特徴を打ち出す手法が活かせるようになります。細分化や専門性とは、あくまでも「商品化されている」事とセットで、はじめて威力を発揮するものだからです。さらに、専門性ということについては、コンサルタント業の場合、「手法による特化」が有利ということを、ぜひ覚えておいてください。

先に申しあげたとおり、細分化による専門性づくりは、士業ビジネスの場合には有効ですが、コンサルタント業の場合、そもそも暗黙知で商品になっていないために、有効ではないとご説明しました。

パッケージングで商品になったのだから、細分化でもいいのでは？と思われる方もいるかもしれません。これはそのとおりなのですが、どうせ専門性を出すのであれば、手法において専門性を謳うほうが非常に有利ですよ、ということです。

一般に、地域限定や対象企業の限定、業種の限定…などによって専門性を高める方法が盛んに行われています。まさに細かく分ける考え方です。先生業の違いを理解せず、混ぜこぜに教えている人の中には、まさにこの方法をとっていたりします。

一方で、手法による専門性とは、「通信販売」「○○営業」「会員制」「ブランド戦略」「○○

人事」「○○式人材育成」「リピート戦略」…といったものです。マーケットから切り出すのではなく、「この手法をやりませんか？」という発想です。この方式の最大の利点は、地域を狭めることなく、業種に縛られることもない、ということです。

文字どおり、手法による特化のため、全国の様々な企業をクライアント先とする可能性を持つことができます。地域に縛られる士業ビジネスとの大きな違いであり、コンサルタント業であればこその利点でもあるわけです。

士業の先生、つまり、決められた内容に合格して業務に携わる資格ビジネスの場合、その仕事の性質上、「独自のやり方」を編み出して謳うことは、きわめて困難となります。決められたやり方や法律、順序などに則って仕事をするからこそ、資格を与えられています。要するに独自手法とは相反する発想ということなのです。

専門性や特化というやり方ひとつでも、先生業の違いをよく理解していないと、間違った方法で一所懸命やってしまうことになります。実際、無駄に業種特化して10年間苦しんでいたコンサルタントの方が弊社にご相談こられたことがあります。私から言わせれば、まったく意味のない細分化です。

コンサルタント業の場合、専門性を高めることと強みを増すこととは、絶妙なバランスが必要です。そのポイントが、手法による強みづくりということです。

パッケージングによる営業力の違い

よく、「たかがパッケージングで、そんな大げさに…」と言われる方もいますが、本質的に「商品化」というものがなされていないコンサルタント業の場合、ご想像されているより、はるかに大きな効果があるのが、このパッケージングです。

端的に言えば、商品化されているものと、そうでないものとの差ですが、どのような違いが出てくるのか、簡単にご説明しておきたいと思います。

パッケージ商品の最もわかりやすいものに、「旅行」があります。旅行でどこに行きたいか、希望を一つひとつ聞いてくれて、切符や宿泊、レストランなどの手配をしてくれる代理店があります。

昔は、こうした「オンデマンド＝個別対応型」のスタイルが、旅行業界でも当たり前だったのですが、「パックツアー」が登場してから、圧倒的に多くの人がパッケージ商品を利用するようになりました。内容が明確だし、何より「企画商品」としての魅力で商品選択ができるようになったからです。

このことは、売り手にとって、想像以上の違いを生み出します。販売力が大きく変わるのです。簡単に言えば、「オンデマンド型」の場合は、会社の信頼性や実績など、「総合力がモノを言う」のですが、「企画商品型」の場合、会社の実績や信頼性も大事ですが、それよりも、「企画の内容」で選択されるケースが珍しくないからです。

実際、駅などにある旅行案内所には、パックツアーのパンフレットなどが所狭しと並んでいますが、選ぶときに、「大手旅行代理店のものを…」と探す人よりも、「北海道、魅惑の食べ放題7日間」といった企画内容で選ぶ人の方が多数派です。このキャッチコピーと旅程内容より、集客が大きく変わるのが、パックツアーの世界だからです。

この結果、価格勝負であれば「仕入れ」や「広告宣伝力」、「大量動員力」などで、やはり大手企業に分がありますが、高価格帯の付加価値ツアーを考えるのであれば、まさに「企画勝負」となり、新参者で実績が少ない企業でも、「こんな旅行は初めて！」といったツアーをつくることで、大いにチャンスを得ることができます。

要するに、勝負のポイントが変わってくる…ということです。「うちは旅行の総合代理店です。あなたの希望を叶える旅行を手配します。

何でもお気軽にご相談ください…」というやり方は、強い者や他に選択肢がない環境であれば成立する手法、ということです。そもそも、その旅行会社に対して、信頼がなければ頼みませんし、存在を知られていることが大前提の商売ということです。

パックツアーの場合、ツアーの企画内容が勝負ポイントであり、知恵とアイデア、工夫によって商品の魅力を大いに高めることができます。しかも、パックにしているため、旅行内容もよく伝えることができ、手続きも簡単。圧倒的に買ってもらいやすいカタチになっている、という利点があるのです。

ツアービジネスとコンサルティングビジネスとは、業務内容こそ違いますが、ビジネスのカタチとしてはきわめて類似性があり、大いに参考にすべき点が多々あります。コンサルタント業としても、この知恵を使わない手はない、ということです。

コンサルティングで回数を示すビジネス上の利点

コンサルティングで、「内容や回数を示すことの重要性」は、営業面だけにとどまりません。先に、多くのコンサルティングビジネスは、「作業賃」ビジネスになってしまっていることをお伝えしましたが、この克服のためにも、内容・回数などを示したパッケージングは、きわめて有効なのです。

なぜ有効なのかと言うと、「契約期間ベースによる収入と切り離せる」からです。これは、コンサルタントならびに、企業側の双方にとって非常にフェアな方式であり、しかも作業賃ではなく、ノウハウを売る形を取りやすくなります。

たとえば、「6回（標準期間6か月）のコンサルティング指導で、貴社に会員制度の仕組みを立ち上げて、収益があがるようにします」といったパッケージング方式の場合、標準的には6回、半年間のコンサルティングですが、これが企業側の都合で8か月間に伸びたり、逆に急いで4か月で行なう場合でも、料金は変わりません。

コンサルティングは、あくまでも「会員制の仕組みをつくって儲かるようにする」ことと、「そのことを、6回の指導（標準的には半年間）で実現します」ということを提示しています。つまり、6回の指導の間隔が伸びたり縮んだりしても、それは実施するコンサルティングの本質とは、何ら関係がないということを意味しています。

ですから、ゆっくり進めたい企業であれば1年くらいかけてじっくり行なっていくかもしれませんし、新事実として急いでいる社長なら、何とか3か月で…と必死にがんばるかもしれません。いずれにしろ、コンサルタントが訪問指導する回数は、6回で変わりがありません。企業側のタイミングで訪問間隔が変わるだけです。

これが、よくある月額制であれば、何かと長引かせようとするのが人間心理です。ダラダラと長く引き延ばせば、それだけ契約期間が長引くため、よからぬコンサルタントは、無駄な作業を含めて余計なことをしかねないわけです。

一方の経営者側としても、「長引いたら、また一か月よけいにお金がかかる…」と考えがちです。仮にコンサルタントが誠心誠意、最短で指導をしていたとしても、この疑念がはたして晴れるかどうか…。

本書前半でご説明したとおり、本来、コンサルティングには毎月発生する「作業や処理」というものがないだけに、どうしても無理が生じるわけです。

このため、内容や回数を示すことで、「きわめてフェア」となり、双方にとってメリットのあるコンサルティング商品となるのです。

言われたものではなく、つくったものを売っているか？

営業力を高めるコンサルティング商品、つまりメニューをつくる上で、もうひとつ欠かすことができない大事な視点があります。それは、「自分がつくった内容を示しているか」という点です。

要するに、相手から「これをやってほしい」と言われる仕事では、あなただけの強みや特徴のある仕事にはなりづらい、ということです。

自分のコンサルティングに、独自の強みを持たせるためには、自らの知識や経験などを元に、オリジナルのコンサルティングとして体系化することが必須ということです。

弊社では、この体系化した独自の強みのことを、「キラーコンテンツ」と呼んでいますが、文字通り、キラーコンテンツを持っているかどうかで、その他大勢のコンサルタントの中に埋没するか、仕事が次々にやって来るようになるのかが分かれる…と言っても過言ではないのです。

商品づくりに限りませんが、一つひとつのことが連動しているため、些細なことひとつでも違ったことをすると、すべてに影響してしまいます。

自分がつくったものを売る＝自分のコンサルティングを独自に体系化＝ノウハウ売り＝コンサルティングの指導内容や回数などの明示＝企画勝負＝単品など少数メニュー勝負＝営業力の向上＝同一ノウハウによる実績の積み上がり＝好循環

困ったことに対応＝独自性がなく、相手の需要に合わせて仕事＝時間や仕事量で仕事＝作業や実務代行＝価格勝負＝メニューの複数化、多種化＝営業力は向上せず、実質下請け的＝ノウハウの蓄積が起こらず、常に新規案件対応＝悪循環

といった違いがあり、文字どおりセットになっているのです。

ですから、あなたがもし、本当に営業力を発揮するコンサルティングメニュー、つまりキラーコンテンツを手にしようと思ったら、「何か当たりそうなテーマ」を探すといった発想ではなく、自らの知識や経験を元に、しっかりと独自のコンサルティングを体系化することに尽きるわけです。

あなたの経験は、他人とは間違いなく違ったものであり、その経験から生み出されたノウハウこそが、独自性を生み出す源泉に他ならないからです。

使うべきは個人のパーソナル性や見た目などではなく、経営や仕事の現場で培ってきた潜在ノウハウなのです。

売る力を一気に引き上げるコツ

メニューをズラズラ並べるのではなく、できるだけ絞ったほうが、営業的に有利になりますが、実は商品を売るときに知っておくべきコツがあります。それは、「2択または3択で案内する」、ということです。

商品をできるだけ多く並べる方が、どれかひっかかる…とか、たくさんの中から選んでもらえる…と考える人が多いのですが、実際に「買う側」からすれば、迷いが生じて面倒なだけ、ということが少なくありません。

ご自分でも経験はありませんか? すごい数のメニューがならんでいてよく分からないので思わず、「おすすめは何?」と飲食店で聞いたりするケースです。何でも美味しいと言われても頼めないのです。いわゆる「推しメニュー」がなければ、結局買い手にとっては何を選んでいいのかよくわからないのです。

基本メニューだけでも7種類あって、各々にオプションが5種類も用意されているとしたら、選ぶだけでも面倒ですし、違いを理解するのに時間を要してしまいます。きめ細かく対応とは聞こえがいいですが、自分のコンサルティングの主軸が定まっていないことの表れというべきでしょう。

また、10年以上コンサルタントとして活躍している方が、複数のメニューを持って活動しているのならともかく、これからコンサルタント起業を考えている方なら、可能な限りひとつのメニューに絞ることが重要です。

ひとつに絞った上で、そのコンサルティングの「フルパッケージ」「簡易型」、また「訪問型」と「来社型」、「個別型」と「グループ型」など、2種類や3種類に分けるのがコツです。お試し的なスポットコンサルティングなどと合わせて、3種類から選んでもらえるようにしてください。

「なんだ、やっぱり複数用意する必要があるんだ？」と、思われるかもしれませんが、これは、本質的には、「同じコンサルティングを、利用者の都合に合わせて形式を変えている」というのがポイントです。

これは、違う内容のコンサルティングを三つ並べているのとでは、一見同じでも、ビジネスを廻す上でも、営業的にもまるで違ってきます。特に起業したてであれば、明らかな違いとなって現れてきます。ひとつのノウハウで実績を積み重ねられるのと、複数に分散してしまうのと違いです。

受注形態の違う5社の仕事でも、前者はすべてノウハウも実績も積み重ねることができますが、後者は下手すると、ひとつずつの経験しか積めていないかもしれないのです。どちらが有利か、言うまでもないことでしょう。

人は、わかりやすい違いの中で2択や3択を提示されると、「どれにしようか…」と、選びたくなったり、かつ「選ぶ方向性で考える」可能性が高まります。この選択性の力を上手に使うことで営業力を高めていくことができます。

大事なことは、「どれが当たるだろう…」という発想でメニューをつくらないことです。このことを忘れずに、商品をつくり込んでください。必ず営業力を高めることにつながっていきます。

【ワンポイント】自分のコンサルティングを提案し、受注するカタチとなっているか。同じ「受注」という言葉でも、受身の受注発想では、メニューがずらずら並びはじめる

第5章

契約獲得までを、確率論に変える「導線設計」の実務

確率論で受注できる仕組みがなければビジネスにならない

セミナーを開催する前に、絶対準備すべきこと

売れるコンサルタントになることを目指して、「よし、クライアントを自ら開拓していくぞ！」と元気よく活動開始宣言され、最初にはじめようとする最も多いパターンが自主開催セミナーです。

もちろん、弊社としても「クライアントは自己開拓できるようになってください」とお伝えしているわけですから、セミナーの自主開催はまったく問題ないですし、ぜひ行なってほしいと思っています。

ただし、注意していただきたいのは、セミナー開催する際に「準備不足」でスタートを切ってしまうケースが非常に多い点です。準備不足で開催してしまうと、当然ながら成果は出ません。実にもったいないことになるわけです。

準備不足と言っても、セミナーの内容や話し方、ツール類の整備といったことではありません。何が不足しているかと言えば、「導線の設計と用意」です。これが、ほとんど手つかずのまま、セミナー開催しようとする人があまりにも多いのです。

当日話す内容は考えて練習もしている。資料なども作成したし、パンフレットなども用

意した。後は集客をがんばれば…と、息巻いて募集するのはいいのですが、少し冷静に考えてみてください。

あなたにコンサルティングを頼む方は、どんな段階を踏んで契約に至ると思いますか？

いかがでしょうか？　残念ながら、このことを考えていない方が、非常に多いのです。この、「どういった段階を踏んで契約に至るか」、また「どういったルートから契約に至るか」を、弊社では「導線」と呼んでいます。わかりやすく言えば、さまざまな営業活動から、契約を獲得するまでを一つひとつ想定して描いた、「クライアントを導いてくれる流れ」ということです。

この導線設計をよく考えずに、単にセミナーを自主開催して一所懸命に「商談」したとしても、成果はまず望むことはできません。

人は誰でも、自分都合で考えがちですが、それにしても、セミナーを開催したら「誰かが参加」して、そこから「コンサルティング契約が取れる」などと思っているとしたら、あまりにも自己都合ですべてを考え過ぎです。

何もとびきり難しい話をしようと言っているのではありません。あなたが100万円を超えるような商品の購入検討をしているとき、自分がいったいどんなことを考えて行動するかを想像すれば、すぐにわかることだと思います。

・案内を見て、すぐに購入しますか？
・有料の説明会があって、すぐに参加申し込みをしますか？
・説明会に参加したとして、すぐに購入申し込みをしますか？

いかがでしょうか？　なかには「すぐにする」という、せっかちな方もいるかもしれません。しかし、そう答える方でも、「自分の商品だから」というのが、大きな理由だったりしませんか？

普通の場合、「いやいや、すぐには買わないでしょう」とお答えになります。そして、その答えが圧倒的に大多数です。

このことが何を意味しているのか。要するに、「購入決定に至るまでに、何かが足りていない」ということを、自ら感じているということです。この足りないものを埋めなければ、なかなか購入に至らない、ということです。

プッシュ型営業力を強化しても、コンサルティングは売れない

「足りない何か」を埋める方法として、営業攻勢で解決しようとする人もいます。

弊社では、１００人以上の方と直接コンサルティングでかかわっていますので、なかには、「３万軒以上の飛び込み営業をしてきた」といった、営業の強兵のような方もいらっしゃいます。また、保険営業で20年以上、電話アポから訪問して受注してきた…という方もいます。

こうした圧倒的な「対面営業力」をお持ちの方であれば、電話や飛び込みからコンサルティングを受注してしまうことも夢ではありません。実際、そうした方法で契約を獲得された方がいるので、私も驚かされたことがあります。

ただし、他の方がそれを真似をできるのか、また仕組みとして誰かに頼んで行なうことができるのか…というと、これは話が別です。その人が持つ、たぐい稀な特殊才能によって営業ができていることと、誰がやっても「ある一定の成果が出る」、ということとは、別の話なのです。

実際に実験した数字がありますので少しご紹介しましょう。電話をかけて「コンサルティングを受けませんか？」というアウトバウンドコールを、専門会社に頼んでかけてもらったことがあります。

コールをはじめてしばらくすると、「コンサルティングをいきなり売るのはハードルが高すぎる。資料請求などでハードルを下げ、その後にフォローの電話で受注する方式に変えましょう」といった提案を、コールセンター会社から受けました。いくら電話をかけても、箸にも棒にもかからず、まるでダメだったからです。

すぐに方針を変えて実験を繰り返しましたが、結論から言えばやはり受注はゼロでした。違うものであれば反応が取れるはずと、セミナーの案内をアウトバウンドコールして…と、再度の提案があり、これもすぐに実験を開始しました。その結果は…というと、こちらもゼロだったのです。

ざっと数字的なことを申し上げましょう。総数500以上のコールを実施しています。期間は2か月かけて、その間に3度のスクリプトの修正や、方向性の変更をおこなっています。金額で言うと、63万円かけた実験でした。ですから、たしかに64万円目で受注が取れたかもしれません。しかし、500コールの結果から言えば、「収穫はなし」という戦績だったわけです。

ちなみに、このとき案内に使ったセミナー企画とは、コール作戦を実施する3か月ほど前に、ダイレクトメール単体で、新規のあて先に2千通送って4件のお申込みを獲得できていたものでした。つまり、DMで成果を確認できているものであり、決して「売れないセミナー」を電話営業したわけではありません。

コンサルティングにおいても同様です。開催したセミナーを通じて受注ができていた、「契約が取れるコンサルティング」で実証実験しています。実績のないコンサルティングを案内しているわけでは決してありません。

コールセンターの能力に対して、疑問に思う方がいるかもしれませんので、補足説明をいたしますが、このコールセンターは、数多くの通信販売企業との業務提携の実績があり、法人の新規取引先の開拓や一般消費者向けの電話コールでも数多くの実績がある会社です。社長のＴさんとも長年のお付き合いがあり、コールセンターの実力には、折り紙つきと言える優れた会社です。

それでも戦績はゼロ。惨憺たる結果となってしまったのです。結論から言えば、「コンサルティングと電話営業の相性が悪い」ということです。

コンサルティングにかかわらず、「高いモノは電話セールスがダメ」と言う人がいますが、高額商品でも、売り手と買い手双方にメリットがあり、明確な理由が見えれば電話営業は有効な手段となります。

たとえば、通販会社に対して、扱い品目的に相性のよさそうな商品で、「目新しくて粗利の高い商材を提供できます」という営業電話をメーカーがかけた場合、「話を聞いてみたい」と、アポイントに進む可能性は十分にあります。何の商品かがわかり、双方にメリットがあることが明確であれば、商談として話しが進めやすいわけです。

事実、依頼したコールセンターで実施している、通販会社向けの営業代行電話は、驚くべき成果を叩き出しており、新規取引契約が次々に取れて、わずか数か月で年商が2倍になった企業もあるほどです。営業方法において「相性」は、きわめて重要なのです。

コンサルタント業に相性のいい営業スタイル

では、コンサルタント業と相性のいい営業とは、どんな方法があるのでしょうか。電話営業などの「こちらから相手に仕掛ける」プッシュ型の営業方法の場合、どうしても「売り込まれている」という感覚が起きやすい欠点があります。

電話営業に限らず、住居や事務所への訪問営業、道行く人への呼び込み営業なども同様です。こちらが頼んでもいないのに、相手が一方的に営業を仕掛けてくるわけですから、よくわからない怪しい商品であればあるほど、防衛本能として拒否反応が起きるのが、ある意味当然なのです。

コンサルティングとは、本書で長らくご説明してきているとおり、「よくわからない」商品の代名詞のようなものですから、ズバリこれに当てはまります。ですから、「プッシュ型営業の逆の方法」を行なう必要がある、ということです。この方法を、弊社では「見つけてもらう営業方法」と呼んでいます。

わかりやすく言えば、広告などを通じて自社のことを見つけてもらい、徐々に自社のことを理解してもらって利用してもらう…」ということです。これを、コンサルテント業向けに最適化させることで、大きな効果を上げていくことができます。具体的には、

書籍　→　自社サイト訪問　→　セミナー参加　→コンサルティング

といった一連の流れで、コンサルティング契約につながれば、まさに理想的です。

実際、書籍にまつわる「出版指導」をするところや、「セミナー指導」をする先生の多くは、この理想的な状態を頭の中に描いているからか、出版やセミナーの万能性を盛んに宣伝していたりします。

読者のみなさんはいかがですか？「なんだ、本を出してセミナーをやればいいんだな…」と思われた方、ご注意ください。この理想的な状態とは、まさに「理想的」であり、大きな落とし穴がいくつもあるのです。

最大の落とし穴は、書籍からコンサルティングにつながるまでの、一貫した関連性です。

つまり、書籍を読んで、自社サイトに訪問して、そしてセミナーに参加してコンサルティングにつながる…ためには、「自分独自のコンサルティングテーマで貫かれている」必要性がある、ということです。

この一貫性なくして、本を出しても、セミナーを開催しても、コンサルティングにつながることは「単なるマグレ」しか期待できず、基本的に「バックエンドにつながらない」という悲劇が起きるわけです。

弊社にはさまざまな方がお越しになる…と申し上げていますが、そうしたなかには、ビジネス書で10万部以上も売れている著者の方が何人も来られています。

ビジネス書で10万部以上という数字は、間違いなくベストセラーの部類に入ります。仕事柄、周囲には書籍を出している方々はたくさんいますが、10万部はおろか、数万分でさえなかなか届かないのが、ビジネス書の世界です。ですから「いつかは10万部…」と夢見る人もいるほどです。

それだけ売れているなら、さぞ仕事になっていることでしょう…と、誰もが思うかもしれませんが、実施には講演の仕事がチョロチョロ来ているけれど、全然やっていけない…というケースが多いのです。理由はもう言うまでもないでしょう、「自分のコンサルティングテーマと関連性のない書籍」だからです。

ひどい場合は、読者対象がまるで見込み客と関係性がない場合すらあります。こんな酷い本を出しているのが、マーケティングの先生だったりすることがあるのですから、他は推して知るべき…ということでしょう。

当然ながら、こうした方々が自主開催しようとするセミナーも、これまたコンサルティングテーマと関連性がないセミナーだったりします。

時事ネタや流行のテーマを追いかけ、ひたすら考えることは「集客」です。

士業ビジネスのセミナーとの違い

ここで、「知人の士業の先生は、時事ネタでセミナーを開いているけれど、ときどき契約につながっているから…」と反論される人がいます。ここでも、似て非なるビジネスの罠にどっぷりはなっていることに気づいていないのです。

士業ビジネスの場合、ご説明してきたとおり、資格制度によって売り物の商品が暗黙知でできているため、税理士の先生なら税金制度や来年度の法律の変更点、節税策、相続対策…など、「税理士業務にまつわる社長さんが気になりそうなテーマ」でセミナーを行なうことで、「この先生はくわしそうだ…」とか、「人柄が信頼できそう」と、契約につなげることができます。

できるというより、士業ビジネスでは、直接的なサービス内容での差別化が難しいため、こうした知識ベースのセミナー開催以外、非常に難しいというのが現実でしょう。細分化による専門性はつくれても、独自性づくりは困難だからです。

一方、コンサルタント業の場合、自ら独自性、つまり「キラーコンテンツ」で勝負しなければ、その他大勢の中に埋没してしまいます。

この、自分が設定したキラーコンテンツがあってこそのコンサルティングなのですから、書籍からセミナーまで、何から何まで、すべて一貫していなくては、取れる契約もみすみす逃してしまうということになってしまうのです。

この点は、きわめて重要です。「あなたが開催しようとしているセミナーは、本当にあなたのコンサルティングテーマと一貫性がありますか?」ということです。

単に、「集客」だけを考える人が本当に多いのです。似て非なるビジネスの人や、違いをよくわかっていない先生等に聞いて、「もっと人が集まるようなテーマにしなければダメ」と、自分のコンサルティングテーマとまるで関係しない内容で開催しようとしたりします。人が集まれば、確率論的に契約に結びつく…と思いたいのかもしれませんが、世の中それほど甘くありません。たとえば、

・財務コンサルティングの先生が、「簿記経理入門セミナー」
・営業戦略コンサルティングの先生が、「営業マンのためのマーケティング講座」
・飲食店コンサルタントの先生が、「接客応対マナー」
・会員戦略コンサルタントの先生が、「読まれる月間レポートの作成法」
・リピート戦略コンサルタントの先生が、「血液型でわかる部下指導」

…などなど、冷静に考えればコンサルティングとの一貫性が取れていないセミナーは、驚くほど多く開催されています。

ズレの中でも最も問題なのは、集客しようとしているのが担当者や一般社員になっているケースです。前著『キラーコンテンツで稼ぐ法』でもくわしく記しましたが、営業担当者をどれだけセミナーで集めても、「あなたにコンサルティングを依頼する決裁権を持っている人はセミナー会場に来ていない」ということです。

財務戦略コンサルタントがセミナーで集めなければならないのは、経営者か、せめて経理の長でなければ、コンサルティング契約を獲得することはできません。簿記経理の入門セミナーだと、いわゆる担当者は数多くいるので、「集客は成功」するかもしれません。しかし、最も肝心なコンサルティングを決裁可能な、本当の見込み客が一人も会場にいない状態であれば、これは、あまりにも具策と言わざるを得ません。

賢明な読者からは、そんなことくらい当たり前でしょう！という声が聞こえてきそうですが、現実に、「なぜ、そのテーマでセミナーを開催するんですか？」、「なぜ、そのテーマで本を出すんですか？」という例は、残念なくらいに多いのです。みなさんも、ぜひご注意いただきたい、本当に重要なポイントです。

とにかく、コンサルタントの場合は、微頭微尾、自分のコンサルティングテーマに合わせて、セミナーを開催すること。このことを肝に銘じてください。

知らない人から、一発で高額商品を買う人はいない

さて、テーマの一貫性に続き、先に「購入に至らない、足りない何か…」が必要とお伝えしました。この「何か」は、人によってバラつきがあるかもしれませんが、ざっくりと言えば、「情報」と「信頼性」です。この二つを埋めることで、購入に到達する確率は、確実に引き上がります。

要するに、高額商品を購入するにあたって、しっかりとした情報がなければ判断ができませんし、本当にうまくいくのかといった信頼性が確認できなければ、そう簡単には契約はできないということです。これは、ご自分で当てはめれば、普通にご理解いただけることだと思います。

では、情報や信頼性とはどういったことか。現代のコンサルタントの営業活動は、ウェブサイトを抜きに考えられないので、当然、自社サイトに自分のコンサルティングに関する情報が充実していなければ、まったく話になりません。

コンサルティングについての特徴や実績、さらにはパッケージングしているコンサルティングの内容、進め方…などが詳細に表示されていることが大前提です。その上で、「定期的なコンサルティングに関したコラム」が発信されていることが重要となります。

たかたがコラムと思う人も多いかもしれません。しかし、定期的な発信により、人ははじめて「実際に活動している人」と理解するからです。

定期的という表現をしたのは、コンサルティングのスタイルにより、多少の感覚的な差異があるからですが、標準的には「週に一回」を推奨しています。

逆に言えば、毎日チョロチョロとSNSなどで発信している人がいますが、コンサルティングと関係性があるしっかりした内容を毎日書き続けるということは、書いてみればそのたいへんさが理解できると思います。毎日など、ほとんど不可能ですし、そもそも見てくれる経営者も、それほど暇ではないので、週一で十分ということです。

ただし、コンサルティングテーマに則した内容で、しっかりと毎週コラムを書き続けることの意味は、「あなたの代わりに営業してくれる分身づくり」ですから、本当にじっくりと腰をすえて書かなければ意味がありません。

コンサルティングを検討してくれている方々に、情報を発信して信頼してもらうために書くわけですから、「今日のランチ」だとか、「街で見つけた面白い商品」といった、ハッキリ言ってどうでもいい内容のものであれば、むしろ逆効果ということです。

さらに言えば、あなたが購入を検討している高額商品があったとして、こうしたコラム的なものが5、6本くらいだけ書かれているウェブサイトがあったとして、それであなたは安心して購入できますか？ということです。

たくさんの方々にこの質問をしてきましたが、総じて「少なくとも20~30くらいないと、ちょっと不安ですよね…」とほとんど同じ回答が返ってきます。自分が顧客側であれば、みなさん、普通に答えをはじきだすわけです。

これほど簡単な答えなのですが、「セミナー開催をする」と息巻いている人のサイトを覗くと、まるで違った状態を目にすることが珍しくありません。コラムそのものがなかったり、あわてて5本くらい書いて、「これだけあれば大丈夫ですよね？」と、こちらに同意を求めてきたり…。自分でも必要だとわかっているはずなのに、なぜか「セミナー集客をする」と考えると、驚くほど自己都合で進めていってしまうのです。

たかがコラムと言えばそれまでですが、あなたのセミナーは、見込み客に自社サイトに立ち寄らせることなく、すぐに申し込ませるだけの信頼性や実績がありますか？

さらに言えば、あなたはセミナー会場で、一発で見込み客を落とせる、すごい商談力をお持ちですか？　このどちらにも「ＹＥＳ」と言えるのであれば、「たかがコラム」と言っていただいて結構です。

現実的なことを申し上げれば、契約が取れない…と嘆いている人の圧倒的大多数が、「自分独自のキラーコンテンツを持っていない」、そして「情報発信ができていない」という、基本的な部分でミスをしている人があまりにも多いのです。

コンサルタントにとって、情報発信は究極的に重要です。自分独自のコンサルティングを武器に、他社との差別化を図って売れていくことを考えるのであれば、よりいっそう、「自分ならではの特徴や優位性」などを発信できていなければ、何が違っているのか他人にはさっぱりわからないからです。

【ワンポイント】受注に至る導線は、「ほとんど科学の世界」と思うくらいに理論理屈で説明できなければ、ほぼ間違いなく「自分の願望」で考えている。思い込みの確率と「実数の確率」はまるで違う。

導線から考える、自主開催セミナーの実務戦略

無料や5千円のセミナーでは契約が取れない

さて、自主開催するセミナーの重要ポイントに、「料金設定」があります。よく、「いくらにすればいいですか？」といった質問を受けるのですが、これには「最低でも1万円以上にしてください。できれば3万円以上…」とお伝えしています。

当然、価格を上げれば、セミナーで話す内容にも吟味が必要ですが、それでも1万円以上に設定する理由は、1万円以下の価格帯では、担当者が参加する確率が、格段に上がってしまうからです。

もっと言えば、忙しい社長ほど、安いセミナーにわざわざ足を運ぶ確率は下がります。経営者として、自分が聞いたり判断すべきことは、常に優先度によって判断するからです。安いセミナーであれば、それだけ内容的にも軽いものに違いなく、重要度は低いと判断して、担当者に行かせようと考える人が増えるからです。

もちろん、5千円とか無料で開催すれば、参加者をもっと多く集めることができるでしょう。参加者を集められなければ、セミナー開催そのものが出来ないわけですから、「まず

は集めてから…」と考えたくなる気持ちはわかります。

しかし、何度もお伝えしてきているとおり、「セミナーで人を集める」こと自体は、重要でも何でもありません。

商談のための、自分のコンサルティングを決裁してくれる可能性がある、「見込み客を集めること」が重要なのです。だから、それ以外の人が混ざれば混ざるほど、商談の精度が落ちるため、入ってきてほしくないわけです。

もっと言えば、「**見込み客以外の部外者は入れないほうが、断然いい**」と言っておきます。なぜなら、セミナーに対しての、興味と関心のポイントがまるで違うからです。

誰が何と言おうと、ご参加いただいた経営者に対して、自分の優れたコンサルティング内容や魅力を、事例などを通じてアピールし、依頼いただけるかどうかの「商談」ができなければ、コンサルティングの契約を獲得することはできません。

ビジネススクールで求められているような、わかりやすい解説や上手な説明を行っても、契約は取れません。契約が取れなければ、「あなたが開いたセミナーは、成果がゼロであり、何の意味もない」ということです。

この違いを理解していないと、あなたが集めた参加者の中に、担当者が多く「混ざって」いると、「きちんと説明していない」とか「説明が下手」、さらには「コンサルティングのアピールが強い」といった、こちらからすれば「本来の目的とは関係がない部分」でクレームになってしまう確率が飛躍的に高まります。

決裁権を持った経営者と商談する場なのか、担当社員に対して知識やノウハウを説明する場なのかでは、同じセミナーという名前でも、まるで性質が違うからです。

コンサルタントがやらなければならないのは、微頭微尾、前者の形式だということは、本書で何度も何度もお伝えしてきたとおりです。

つまり、導線的に考えても、**何が何でも、決裁権を持つ新規の見込み客に来ていただかなくては、セミナーを自主開催する意味がない**わけです。

このためには、言葉は悪いのですが、社員や担当者などが「お勉強のために参加する」確率を下げなければなりません。そのひとつの具体的な方法として「参加費の設定」があるのです。

ですから、単に1万円にすればいい…といった、単純な話を申し上げているのではありません。とかく、「セミナー開催」を考えるとき、本当にやみくもに「セミナー開催だけ」を考える人が多いのです。

口では「わかっていますよ…」と言うのですが、友人知人に、一生懸命に「セミナーに来てくれない？」と参加をお願いしたり、知人の部長などに「部下を何人か出してもらえないか？」と頼んだり…。思わず、「何がわかっているんだろう？」と首をかしげたくなるようなことをしている人がいますが、周囲にもいませんか？

もちろん、「人前で注目を浴びながら話をするのがたまらない快感で、そのためにセミナーを開催している」というのなら、それはそれで話は別です。ただし、「営業活動ではなく趣味」だということを認識すべきでしょう。

本書が想定するコンサルタント業とは違い、ビジネスタレントとか、ビジネス漫才師のような人の中には、スポットライトを浴びなければ気が済まない「自分大好き系」の方々がいます。

こうした方々の真似をしてしまうと、「何のために自主開催セミナーをするのか」、目的がブレブレになってしまうので注意が必要です。

いずれにしろ、参加費の設定とは、決裁権を持った方に、どうすれば来てもらえるか、その確率を少しでも上げるための方策の一つということをご理解ください。

無料でも、圧倒的な確率で、見込み客となる決裁権を持つ方を集められるというのであれば、それはとても素晴らしい方法ということです。この点は誤解がないように、付け加えておきます。

ただし、これまでに多くのコンサルタントの先生方が試した結果、1万円以上の価格をつけたセミナーのほうが、断然成果が上がっている実証データがあることも、お伝えしておきます。

これは、コンサルティング獲得までのトータルの営業活動を考えるとき、金額設定自体に、大きな意味があるからです。その仕組みをこれからご説明しましょう。

セミナーの高価格化で変わる三つのこと

開催するセミナーの価格設定によって、大きく変わってくることが三つあります。ひとつ目は、先に申し上げた「参加者層」です。二つ目は、「参加者心理」です。

たとえば、有料セミナーと無料セミナーとで、如実に変化が現れるのが「キャンセル率」や「当日の欠席率」です。

無料セミナーなどでは、もともとお金を払っていないため、キャンセルすることにも抵抗が少なく、当日10%から場合によっては30%くらい、欠席が発生することがあります。

一方、値段の高いセミナーであれば、参加される方も意識的であるため、キャンセルや欠席率も10%以下というのがひとつの相場です。それくらいに変わってきます。

簡単な話、「わが社にとって、とても重要な話」と思って参加するセミナーと、「参考になるかもしれないビジネス情報の話」のセミナーとでは、聞き手の心の態度がまるで違うわけです。変な話、同じ話を聞いても、結果は大きく変わってきます。

ついでと言えば語弊があるかもしれませんが、「話をする本人」、つまりコンサルタントとして登壇するご本人の意識も、無料セミナーと高額セミナーとでは、まるで変わってくるでしょう。

３万円など、かなり値段の張るセミナーを実施するとなれば、「いい加減な話はできない」と、ピリピリした緊張感の上で登壇されると思います。

このいい意味での緊張感は、とても重要です。ビジネス商談をするわけですから、ホンワカした感覚では決まるものも決まらなくなります。これが、「面白おかしく、話していて楽しい、笑ってもらった…」などと言っているようであれば、そのほうがどうかしているということです。

Bゾーンでは人気の先生でも、Dゾーンではまったく歯が立たないということが多い理由に、本人の意識の差があることも見逃せません。

さらに、もう一点、価格設定によって変わることがあります。それは、「営業活動の持続化」です。要するに、営業活動するにもお金がかかるということです。

セミナーを自分で開催することの意味は、「見込み客を集めて、そこからクライアント契約を獲得する」、そのために行なうわけですから、一回やってそれで終わり…というものでは決してありません。

極端な話、自分がコンサルタント業を続けている間は、開催間隔はともかくとしても、一定周期で開催を続けるべき活動ということです。これを止めれば、新規開拓のための営業活動がストップしてしまい、確実に既存クライアントにへばりつく、濡れ落ち葉コンサルタントになり下げってしまうからです。

つまり、他にもクライアント契約を獲得できる、自分独自のルートをいくつかつくったとしても、いずれにしろ「営業活動をストップさせるわけにはいかない」ということです。事業活動ですから、営業経費、販促費を一定程度かけるのは、当然のことだからです。

この営業経費をかけ続けることを考えるとき、当然ながら広告費やＤＭ発送費用など、結構なお金が出て行くことになります。

この費用の捻出を考えるとき、販促費用の全額とは言わないまでも、ある程度回収できる仕組みを考えることで、「持続的な営業活動」がしやすくなるわけです。その現実的な方法が、セミナーの価格付けなのです。

暖炉の火を起こして消さないための手順

弊社では、経営者対象のコンサルティングの場合、とくにコンサルタント業としての初期段階においては、ダイレクトメールでのセミナー案内を推奨しています。最終的な形態としては、先に申し上げた「理想系」を構築したいところですが、一足飛びにそのような理想系を構築するのは至難の業だからです

たとえて言えば、暖炉の火を起こしてずっと燃やし続けるためには、木を切ってきて、薪になるサイズに切り分け、適度にくべ続けることをしなければ消えてしまいます。しかし、最初からその木を切ってきて…とやっていると火が付くまでにものすごく時間がかかるために、凍えて死んでしまうかもしれません。

ですから、最初は薪を買ってきて、さらに着火剤などを使って火をおこし、「時間稼ぎ」をするわけです。最初の種火のようなものが燃えている間に、木を切ってきて薪にし、それらが一連の動きの中で十分間に合うようになれば、暖炉の火は燃え続けるようになります。営業活動も同じです。

将来的には、ダイレクトメールの比率を下げていき、ゆくゆくは広告や書籍などから、新規の見込み客の大半を獲得できるようにしていく必要がありますが、最初は着火剤や薪

を買ってくるほうが、断然早くて確実ということです。

　この着火剤と薪にあたるのが、法人データの購入やダイレクトメールでの案内ということです、法人データは、帝国データバンクや東京商工リサーチなどで購入することが可能です。なお、ご心配される方のために、法人情報ならびに代表者情報の購入は、個人情報保護法上でも問題ありません。公に登記されている情報であるため、代表者の氏名などは保護法の対象外となっているからです。

　ダイレクトメールについても、稀に「次から送らないで」という会社があれば、リストから外せばＯＫです。ＦＡＸＤＭなどは、相手の紙を使うために慎重さが必要ですが、郵送物に関しては、あまり神経質になる必要はないでしょう。

　細かい戦術は、本書の趣旨と外れてしまうので詳述は省きますが、自分のコンサルティングと相性のよい法人を思い浮かべれば、どのような企業のデータを購入し、案内すればいいかイメージできると思います。

　またパンフレットなどの製作についても、いわゆる「ライティング」や「キャッチコピー」、「売れる文章」…など、巷にさまざまな先生や業者さんがいますので、本書では詳細は省きます。「誰に対して、何をアピールするのか」、「自分のコンサルティングと一貫しているか」、この点だけ、必ず押さえるようにしてください。

さて、実際のＤＭを行なった場合の、そのざっくりとした計算ですが、１千通のダイレクトメールを発送する場合、パンフレットの印刷代や郵送料などを含めて、一通約１００円前後かかり、合計10万円ほどを投じることになります。２千通だとこの倍かかると考えてください。

弊社では、最低でも１千通出してください、とお伝えしています。参加申込みはセンミツ、いわゆる「千に三つ」より、低いことも珍しくありませんし、１千通以下だと、そもそも反応が取れるかどうか、１人だけ参加申込みがあったとなっても、うまくいっているのか、よくわからなくなってくるからです。

もちろん、この計算式は、セミナーの案内テーマや価格によって変化しますが、３万円のセミナー案内を１千通送ってセンミツの反応だった場合、

セミナー参加費３万円×３人＝９万円

ＤＭ経費10万円

これに、会場代や資料代金などかかりますので、３万円〜５万円くらい見ておく必要があります。この結果、９万円の売上げから14万円の経費を引いて、差し引き５万円の持ち

出しでセミナーを開催できる…ということになります。２千通のＤＭなら、５人の参加で差し引き約10万円の持ち出しといったくらいでしょうか。

「えっ赤字？」と思われる方もいるでしょうし、もっとセミナー代金を下げてたくさんの人数を集めた方がいいのでは？と思う方もいるでしょう。

まず、仮に対象者を変えることなく、しかもご参加される層も変わらない…ということを前提としますが（現実はあり得ませんが）、５千円のセミナーにした場合、ざっと１千通のＤＭで12、13人くらいの申込みになることが考えられます。

値段が６分の１になれば、参加人数は６倍になるかと思いきや、そうならないのがビジネスの難しさです。これはセミナーに限らず、多くのビジネスで確認されている事実であり、机上の空論のマーケッターが陥りやすい罠です。

５千円に安売りした結果、売上げは６万円くらいとなりますが、一方で会場や資料作成の方に余計なコストがかかるようになります。小さな会場では窮屈で、じっくり聞いてもらいづらくなったりすれば本末転倒です。

ご参加される方は経営者の方々ですから、３人掛けのテーブルでも、１人か２人までが原則です。あくまでも商談ですから、会場には気を使ってください。参加人数が増えれば、思わぬコストアップがあることも忘れてはならないのです。

こうした結果、価格を下げると「よけいに赤字が増える」というのが、これまでに何度も試してきた実証実験の結果です。

収益的には、セミナー単体で見れば赤字のケースが大半ですが、これは、コンサルティングが一件決まれば、一発で回収できるわけです。

慣れてきたコンサルタントであれば、一回のセミナーで複数のコンサルティング契約を獲得することも全然珍しくありません。彼らからすれば、「10万～20万かけて見込み客を集めて、３００万円受注する」といった感覚です。まさに営業経費の発想なのです。

繰り返しますが、持続可能な営業体制をつくらなければ、そのビジネスはやっていけなくなります。ですから、効率よく回る仕組み、合理性のある仕組みをとらなければ、ビジネス的に無駄が多くなってしまいます。

これらを総合的に考えて、少なくとも1万円以上、できれば3万円くらいのセミナーを実施したほうが、営業活動的には有利ということです。

理想的な営業体制づくりに向かって

セミナー実施について法人データを購入する方法は、3年前後を目処に、徐々に比率を下げる展開を考えていくことを考えてください。これは、DMをゼロにするという意味ではなく、「法人データを購入する」というやり方を引き下げていくという意味です。

広告や書籍から自社サイトに来てもらったり、自社サイトで発信しているコラムやメルマガ、小冊子、月刊誌など、自らが情報発信する媒体から、新規の見込み客を獲得していけるように、体制を徐々に変えていくということです。

そうした媒体から見込み客データを集める仕組みを構築していくことで、法人データを購入しなくてもDMが打てるようになるからです。一度、自社の媒体に触れた上でのDM案内ですので、反応率も何倍もよくなっていきます。

こうなってくれば、自己集客の効率もドンドンよくなっていきます。数百通の案内でも10人の参加者を集めるというようなことができ、一度に4社の受注といったことも夢ではなくなります。こうした体制を作り上げていくのが、コンサルタントが行なうべき、真の営業戦略です。

書籍を出せば集客できるのに…と、考える人が多くいますが、「自己集客できている人が本を出せば、その仕組みがよりいっそう回る」というのが現実です。順番が逆なのです。

現実問題、実績がなければ事例も持っていないので通り一遍の内容しか書けないか、もしくは机上の空論の内容になってしまいます。そのような本は、残念ながら見込み客の経営者には一切届きません。

さらに言えば、本を読んだ人がウェブサイトに来ても、セミナー集客がもともとできている人でなければ、ザルで水をすくうようなことになります。つまり、「単に本を出した」だけで終わってしまうということです。

にわかには信じがたいことかもしれませんが、実際に本を出した後に、「仕事にならない…」とご相談に来られる方が後を絶ちません。

独自のコンサルティングを体系化し、そのテーマで一貫していること、さらに「自己集客の仕組み」をつくって回していること、これらができている上で本が出たとき、大きな成果が出ることを忘れないでください。本単体では、バックエンドのコンサルティングには短絡的につながらないのです。

【ワンポイント】最も重要なことは、暖炉の火が燃え続ける体制をつくり上げること。これを忘れたとたん、必ず火は小さくなり、やがて消えてしまう。

本物の強いコンサルタントを目指して

紹介が多いことを自慢していたコンサルタント

本書を締めくくるにあたり、あえてもう一度設問いたします。「なぜ、コンサルタントが、自分でクライアントを開拓できなければならないのか？」――

わざわざたいへんな思いをしなくても、「紹介で仕事が回ってくるようになっていればいいのでは？」と考える方も多いのではないでしょうか。

実際、弊社にご相談に来られた方の中にも、「紹介を増やす方法はありませんか？」と質問される方も少なくありません。

先に断っておきますが、「紹介を受けることが悪い」などと申し上げるつもりはありません。紹介をいただけるということは、立派な仕事をしている証ですから、これはもちろんすばらしいことです。

大切なことは、「紹介頼り」になっていないかどうかという点です。

紹介を受けることはもちろん結構ですが、自分でクライアントを獲得できる体制があるかどうかは極めて重要です。簡単に言えば、「**自分で自分のビジネスの売上げの50%をつくり出せる体制でなければ、ビジネスとしてきわめて危険**」ということです。

これは、「紹介」ということの本質を考えるとわかります。紹介を無条件で喜んだり、紹介されることは強さの表われのように言う人もいますが、「紹介」とは、言葉を換えれば、お客様やクライアントを誰かに「回してもらっている」ことを意味します。

もちろん、評判がいいから回してもらえるわけですし、仕事内容に実績があるからこそ紹介をいただけるのですから、紹介がよいことに違いはありません。

しかしこと「営業戦略」という視点で考える場合、紹介に頼るビジネスとは、

「**自分のビジネスを意図して拡大したり、売上げをコントロールすることができない**」

ということです。つまり、紹介者やエージェント、担当者の采配いかんによって、自分のビジネスがどうなるかわからない…という、ビジネス的には致命的とも言える弱点をはらんでいるのです。

実際、「受注は紹介が１００％」という方がいましたが、「来年の予定はどんな感じですか？」とうかがうと、「たぶん大丈夫だと思いますが、本当のところ、怖くて…」と心中

を吐露されたりします。

他人には言えないけれど、「紹介してくれる数など計算が立てられませんし、それがいつまで続くのかなんてわからない。急に紹介が止まるかもしれないし、もしそうなったら、どうすればいいのか…」と、不安で不安で…という告白です。

ちなみにこの方は、表向きには、「紹介だけで回っている…」ということを自慢にされていた方です。年収もバラつきがあるものの、ここ数年は2千万円ほどあった方で、傍からみれば「凄いですね～」と憧れられているコンサルタントの一人です。しかし内情はまったく違っていたのです。

最初にご相談に来られたとき、「怖い状態ですね～」と率直にお伝えしたところ、顔色を急に変えて、心中をお話しされたわけです。

前職時代も含めて、職業柄、さまざまな方とお会いします。何度も、「先生、そのまま紹介だけでやっていると大変なことになりますよ…」とお伝えしたコンサルタントの方がいます。しかし、「紹介は効率がいいし、仕事ぶりが評価されているんだから、大丈夫」と豪語され、聞く耳をもたれませんでした。

しかし、60歳くらいを境に仕事がパタッと止まりました。理由は二つありました。紹介してくれた人が高齢になり、もう仕事から外れてしまったこと、もう一つは、60歳という年齢に対して、扱っていたコンサルティングテーマに少し古さを感じてきてしまっていたため、セミナー会社なども一斉に扱わなくなったからです。

残念なことですが、セミナー会社にとっても、紹介者にとっても、コンサルタントとは、所詮は「扱い商品のひとつ」であり、誰でも自分の都合が第一優先ですから、稼げない商品となれば「入れ替える」のが、どんな商売でも当たり前ということです。切られた…などと、恨み節を言う人がいますが、これは筋違いです。

きわめて重要なことなので、重ねて申し上げます。

「ビジネス展開において、自らクライアントを開拓することができなければ、成長発展はおろか、いずれ続けていくことすら困難になる」

これは当たり前のことなのです。

私も敬愛してやまない、かの有名な社長専門のコンサルタント、一倉《いちくら》定《さだむ》氏は、「総代理店をつくるということは、生殺与奪権を与えることである」と、一喝されています。また、「販売という難行苦行に耐えなければ、下請けに甘んじる以外にない」とも言い切られています。きわめて重い言葉です。

要するに、「自分で顧客を開拓できなければ、それは下請け業であり、生殺与奪権を他人に握られている」ということです。

どんなに現在稼げていても、一時的だと思ったほうが賢明です。ビジネスの構造が下請けになっていれば、いつ売上げがストップするかはわかりません。相手しだいだからです。要するに、自らクライアントを獲得できる体制をつくり上げなければ、遅かれ早かれ、必ず窮するときが来る…ということです。

Bゾーンの先生の場合、この点は本当に注意が必要です。実質的に自己開拓する体制ができている方は、非常に稀です。

士業ビジネスの場合でも、大先生や役所などから「仕事が降りてくる」というケースが珍しくありません。

「先生、先生」ともてはやされていても、「紹介、紹介」と仕事が来ていても、ビジネスの本質から考えれば、かなり危険性が高くなっているということです。

経営者が一目置くコンサルタントの条件

経営者を相手に、自分のこれまでに培ってきた実務ノウハウをもってして、業績躍進のお手伝いをしたい。講演や研修、資料作成や代行…といったものではなく、本物のコンサルティングをして、大きく活躍をしたい…。

本気でコンサルタントを目指す方々の夢だと思います。

弊社にお越しになられ、直接関わった方々は、ゆうに１００人を超えていますが、みなさん、自分がこれまでに培ってきたノウハウを活かして、経営者を相手にコンサルティングの仕事をしたい、そして、関わった企業の成長発展を実現するお手伝いをしたいと、目を輝かせながら熱く夢を語られます。

講師の仕事や研修、講演、資料作成、代行などの仕事では、どこか納得がいかないし、自分のやってきたことが活かせない…とも話されます。

こうした方々に、コンサルタントとして本当に活躍することをお手伝いするのが、私の大きな役目ですが、真にコンサルタントの道を目指すなら、やはり、「経営者が一目置く存在」になることと、常々申し上げています。そのことが、最も如実に現われる言葉が、「クライアントの自己開拓」なのです。

極論に聞こえるかもしれませんが、顧客を自ら開拓できないコンサルタントが、本当の意味で経営の指導などできるはずがない…と考えるからです。

理由は単純です。経営とは、お客様・取引先の開拓からはじまる「顧客の創造」に他ならないからです。顧客開拓なくして、いかなる事業も成立しませんし、成長発展もあり得ないからです。

ここに、会社が存在していることが前提の「社員教育」と、顧客を生み出していくことを求められる「経営コンサルティング」との、決定的な違いがあります。

単なる分析やアドバイスでは、決してコンサルティングとは呼べず、社員向けの研修指導にコンサルティングと呼ぶと、経営者からいぶかしがられるのは、本能的にその違いを感じるからです。

忘れてはならないことは、企業の経営者、とくに創業経営者とは、「タネ銭をつくって起業して、自らの会社の顧客や取引先を開拓して、会社を大きくしてきたリーダー」だということです。経営者は、ビジネスが何たるものか、皮膚感覚で知っています。

他人に仕事を回してもらっているビジネスなのか、自分で開拓してやっているビジネスなのか、経営者から見れば、すぐに違いは分かることです。

ちなみに、弊社の門を叩かれたコンサルタントの方が、自ら開催したセミナーにおいて、参加した経営者から、「そういう先生は、ご自分は月に販促費用をどれくらいかけているんですか?」と、半ば挑戦的な質問をされた例があります。

自己開拓をしている方だっただけに、「私は月に15万円から多いときは30万円くらいかけていますよ。弊社は一人の会社ですが。ところで御社は何人の会社ですか?」と、特に臆することなく切り返したところ、その社長さんは満足げに、「ありがとうございました！」と笑顔で返事されたとのこと。

セミナーの後、しばらくしてコンサルティング依頼の電話かかってきたそうですが、「このコンサルタントの人はどうかな？」と、ある意味、試す感覚で聞かれた質問だったということでしょう。

自ら顧客を開拓できているコンサルタントは、たとえ一人で行なっていても「事業」の感覚がある経営者になります。面白いことに、経営者は、本物の経営者に一目置きます。規模の大小よりも、一人の経営者として一目置くのです。

逆に、どれだけ大きな会社の専務や事業部長であっても、中小企業の創業経営者の場合、表向き丁寧な応対でも、「しょせんは雇われの人」と、少し突き離した見方をしていることが珍しくありません。ゼロから築いてきた人と、もらった人とでは、リーダーという括りでも、まるで違うからです。

こうした理由があるからこそ、コンサルタントが、自らクライアント開拓を実践しているかどうかは、きわめて重要な意味があるのです。

一流のコンサルタントとして、大いに活躍していくコンサルタントと、没落していってしまう人の決定的な差は、こうした意識の違いから生まれてきます。

「クライアントの自己開拓」は、たいへん厳しい道かもしれません。しかし、本書の中ほどでご紹介したFさんはじめ、関わった多くのコンサルタントの方々が、実際にこの険しい道を乗り越え、自分だけのコンサルティングビジネスを切り拓いていっています。

年収３千万円プレーヤーはもちろん、昨年末には月間1千万円を突破された方も２人でました。同じ努力をするのなら、報われるほうがいい。これは誰しも同じ想いでしょう。そしてもう一つ大切なことは、みな同じ言葉を口にされることです。

「本当に自分の足で立っているという実感が湧きました」…と。

自らの人生を最高に活かす方法、それが独自のコンサルティングを手にして、クライアントを自ら開拓していくことなのです。そこには与えられたものではない、自らがつくり出した世界が広がります。

本書を通じて、コンサルタント人生を謳歌するための5年戦略、10年戦略を持っていただければ、、これに優る幸いはありません。多くの実務コンサルタント、専門コンサルタントの真の活躍を、心より願ってやみません。

著者　**五藤 万晶**（ごとうかずあき）

これまで350人以上に、直接の指導実績を誇る日本屈指のコンサルティングビジネス専門のコンサルタント。

「コンサルティング」を労賃やキャラで売るのではなく、独自のコンテンツづくりと戦略を用い、「ビジネスベースで回るようにする」ことを、日本で初めて指導開始した第一人者。そのキラーコンテンツづくりと収益化の指導は、コンサルタント起業する人はもとより、士業関係者、20年以上のキャリアを持つベテランコンサルタントからも絶賛。

「コンテンツを絞り出す天才」と称され、鋭い洞察力と実績で各方面から依頼が絶えず、年収3千万はもとより、5千万、1億円プレーヤーも次々に輩出。氏が関わったコンサルタントからは、「改めて自分の強みを再認識できた」、「モヤモヤしていたノウハウを体系化できた」、「自分のウリが分かり、クライアントが倍増した！」など、絶大な信頼が寄せられている。

「経営者に役立つ、本物のコンサルタント、コンサルティングを世に広めたい」という強い信念の基、2012年、株式会社ドラゴンコンサルティングを設立。同社代表取締役。

1969年生まれ、千葉大学法経学部卒。

五藤万晶の「成功するコンサルタントビジネス」シリーズ ご案内

1

あなたの知識や経験をコンサルタントになって大きな稼ぎに変える法

積み重ねてきた知識や経験、ノウハウを最大限に活かし、売れるコンサルタントになって活躍する最重要の実務と戦略を公開したシリーズ入門編。資格に頼らず、成功していく…、まさに人生を変える一冊と反響！

1,750円＋税 224ページ

2

コンサルタントのためのキラーコンテンツで稼ぐ法〈新装版〉

シリーズ中核となる大反響のロングセラー書。十周年を機に、新装丁で発刊した、「コンサルタント業成功の本質」を説いた珠玉の一冊。先生業のポジション設定、キラーコンテンツづくりの秘訣を分かりやすく説く。

1,750円＋税 224ページ

3

売れるコンサルタントになるための営業術〈新装版〉

コンサルタントの営業方法、「クライアント獲得の手順と実務」を、分かりやすく解き明かした専門の書。エージェントや紹介頼りにならず、「生涯現役」の活躍を実現するための実務戦略を公開した話題の書。

1,750円＋税 224ページ

4

依頼が絶えないコンサルタントになるターゲティング出版戦略

コンサルタントが、本を使って契約を増やし、活躍するための「ターゲット出版戦略」法について、具体実務を公開した注目の書。コンサルタントの本、特有の押さえ所から、契約獲得に最重要な「導線設計法」を詳説。

1,750円＋税 224ページ

5 コンサルタントのIT戦略

6 コンサル会社化のすすめ方

7 コンサルタントの売れる体制カタチ戦略

シリーズ発刊予定書

予定タイトルおよび内容については、予告なく変更される場合があります。予めご了承下さい。

小社エベレスト出版について

「一冊の本から、世の中を変える」――当社は、鋭く専門性に富んだビジネス書を、世に発信するために設立されました。当社が発行する書籍は、非常に粗削りかもしれません。熟成度や完成度で言えばまだまだ低いかもしれません。しかし、

・リーダー層に対して「強いメッセージ性」があるもの
・著者の独自性、著者自身が生み出した特徴があること
・世の中を良く変える、考えや発想、アイデアがあること

を基本方針として掲げて、そこにこだわった出版を目指します。

あくまでも、リーダー層、経営者層にとって響く一冊。その一冊から経営が変わるかもしれない一冊。著者とリーダー層の新しい結び付きのきっかけのために、当社は全力で書籍の発行をいたします。

売れるコンサルタントになるための営業術〈新装版〉

二〇二二年12月18日　初版印刷
二〇二三年1月7日　初版発行

著　者　五藤万晶（ごとうかずあき）
発行人　神野啓子
発行所　株式会社 エベレスト出版
〒一〇一-〇〇五二
東京都千代田区神田小川町一-八-三-三F
TEL 〇三-五七七一-八二八五
FAX 〇三-六八六九-九五七五
http://www.ebpc.jp

発　売　株式会社 星雲社（共同出版社・流通責任出版社）
〒一一二-〇〇〇五
東京都文京区水道一-三-三〇
TEL 〇三-三八六八-三二七五

印　刷　株式会社 精興社　　装　丁　MIKAN-DESIGN
製　本　株式会社 精興社　　本　文　北越紀州製紙

 ISBN 978-4-434-31552-7